Toni Lauerer

Möchten'S ned probiern?

Möchten'S ned probiern?

Lustige Schmankerl
von
Toni Lauerer

Bibliografische Information der Deutschen Nationalbibliothek

Die Deutsche Nationalbibliothek verzeichnet diese Publikation in der Deutschen Nationalbibliografie; detaillierte bibliografische Daten sind im Internet über http://dnb.dnb.de abrufbar.
ISBN 978-3-95587-410-0

Für uns, die Battenberg Gietl Verlag GmbH mit all ihren Imprint-Verlagen, ist Nachhaltigkeit ein wichtiger Teil unserer Unternehmensphilosophie. Daher achten wir bei allen unseren Produkten auf den Einsatz umweltschonender Ressourcen und Materialien.
Dieses Buch wurde auf FSC®-zertifiziertem Papier gedruckt. FSC (Forest Stewardship Council®) ist eine nicht staatliche, gemeinnützige Organisation, die sich für die verantwortungsvolle und ökologische Nutzung der Wälder unserer Erde einsetzt.

Unsere Partnerdruckerei kann zudem für den gesamten Herstellungsprozess nachfolgende Zertifikate vorweisen:
– Zertifizierung für FOGRA PSO
– Zertifizierungssystem FSC®
– Leitlinien zur klimaneutralen Produktion (Carbon Footprint)
– Zertifizierung EcoVadis (die Methodik besteht aus 21 Kriterien in den Bereichen Umwelt, Einhaltung menschlicher Rechte und Ethik)
– Zertifikat zum Energieverbrauch aus 100 % erneuerbaren Quellen
– Teilnahme am Projekt „Grünes Unternehmen" zum Schutz von Naturressourcen und der menschlichen Gesundheit

3. Auflage 2022
ISBN 978-3-95587-410-0
Alle Rechte vorbehalten!

Umschlagfoto: Christian Greller *(www.christian-greller-fotografie.de)*

© 2022 MZ-Buchverlag in der
Battenberg Gietl Verlag GmbH, Regenstauf
www.battenberg-gietl.de

Inhalt

Vorwort	7
Apfelgewicht	8
Frühreif	8
Schmerzhafte Trennung	9
Alterserscheinungen	10
Fiese Tour	11
Dummer Bub	12
Peinlicher Vater	13
Farbenspiele	14
Nachtruhe	14
Nächtliche Gesprächspartnerin	15
Arztbesuche	15
Fragen über Fragen	16
Hummelfigur	20
Brotlos	21
Aufklärung	21
Konsequent	22
Extreme Menschen	23
Tropische Mahlzeit	24
Reise in das Reich der Blöden	40
Abschlussbilanz	47
Derf des sei?	49
Sheep-Head	58
Als die Welt noch in Ordnung war	68
Beim Urologen	73
Weisheiten von A bis Z	81
Freispruch für Frau Holle	86
Sticheleien	95
Deppen im Wald	95
Schießleistungen	96
Gesprächsbedarf	96
Die heutige Jugend	97
Nutzen einer Schwiegermutter	97

Nachwuchs 97
So waren die 70er. 98
Bitteres Ende 104
Neumodisches Zeug. 105
Im Kaufhaus. 106
Falsche Antwort. 107
Hang zum Hängen. 107
Geburtenrückgang. 109
Unterhaltung am 15. Dezember 109
Geschenkeflut 109
Lichtgeschwindigkeit. 110
Im Kino 111
Gaudibursch. 118
Auf der Kartbahn 118
Idealberuf. 119
Schlechte Beratung 119
Falscher Inhalt 120
Traumberuf 120
Inkompetenz 121
Sprachgenie? 121
Schlechte Sicht. 121
Notvorrat 122
Sammelbestellung 122
Stromquelle 123
Ganzjahresfasching 123
Im Schuhgeschäft 124
Am Geldautomat 133
Gehirn gesucht 140
Weihnachtsgruß von Onkel Heinz 153
Möchtens probiern?. 156

Vorwort

Grüß Gott, liebe Leserinnen, liebe Leser, liebe Kinder!

Und schon sind wieder zwei Jahre seit meinem letzten Buch vergangen! Zwei Jahre, in denen ich aufmerksam das Geschehen um mich herum beobachtet habe – oft amüsiert, manchmal frustriert, aber immer interessiert.
Herausgekommen sind dabei wieder viele neue Geschichten, Szenen, Gespräche und sogar ein langes Gedicht, das „wo sich reimen tut", wie man im Talkshow-Gäste-Deutsch sagen würde.
Und damit sind wir schon bei dem Thema, das mich oft beschäftigt und ärgert: Die Flut von teilweise unsäglichem Schwachsinn, der uns zunehmend im Fernsehen, insbesondere von den Privatsendern, präsentiert wird!
Man hat als verantwortliche Eltern immer mehr Mühe, seinen Kindern zu erklären, dass das Leben nicht ausschließlich aus Castings, Parties, Models, Schönheitsoperationen, kinderkriegenden Teenagern, unterbelichteten Landmännern, Stylingfragen und maden(fr)essenden Möchtegernprominenten besteht!
Wenn man der genauso dümmlichen wie gefährlichen Botschaft mancher Sendungen folgt, dann ist der normale, anständige, arbeitende und steuerzahlende Mensch der Idiot an sich!
Das ärgert(nicht nur) mich und mit diesem Ärger habe ich das gemacht, was ich mit Ärger oft mache: Ich habe ihn in (hoffentlich) lustige Geschichten verpackt!

Ich wünsche Ihnen und Euch viel Spaß beim Lesen!
Vielleichts hilft's ja auch ein wenig, den alltäglichen Ärger ein wenig zu vergessen oder wenigstens erträglicher zu machen.
Wenn es so wäre, dann würde mich das sehr freuen!

Herzliche Grüße an alle und vielen Dank an jene, die mich täglich auf's Neue inspirieren!

Ihr/Euer Toni Lauerer

Apfelgewicht

Kare: Jetza hodsna dawischt! Jetza isa hi!
Sepp: Wer?
Kare: Da dickste Ast von unserm Apflbaam! Letzte Nacht, i lieg im Bett, duats einen drum Schebberer, i denkma: Öha, war des ein drum Schebberer! Dann schlaf i wieder ei. Und heit in da Friah liegta am Rasen! Ratschbumm – den hods radikal abdruckt! Tausende vo Äpfel hamm den abdruckt! Der hod guat tragn, der Baam! Owa im Endeffekt is eam des zum Verhängnis wordn!
Sepp: Jamei, do kannst nix macha! De Äpfel, de warn eam einfach z'schwaar! Des Gwicht!
Kare: Genau! De Äpfel warn eam z'schwaar! Do segtmas dann wieder, wos mei Frau für einen Schmarrn daherred!
Sepp: Wia des?
Kare: Allaweil, wenn i an Schweinshaxn oder a Pizza iss, dann sagts: „Kare, iss liawa an Apfel, des is wos Leichtes!" Also, i hob no koa Schweinshaxn gseng, der wos an Ast abdruckt hod! I ned!
Sepp: Und a Pizza aa ned!
Kare: Owa Äpfel! De kinnan vom Gwicht her sauschwaar sei!
Sepp: Eben! Drum iss weida dein Schweinshaxn, dann druckts dir nix o!

Frühreif

Lehrer: So, liebe Kinder, heute nehma die Beziehung zwischen Hauptwort und Wiewort durch. Ich sag euch ein Beispiel: Wenn einer Mut hat, dann ist er mutig! „Mut" ist das Hauptwort und „mutig" das Wiewort! Wissts ihr auch ein Beipiel? Jörn, weißt du eins?
Jörn: Wenn Frost ist, dann ist es frostig!

Lehrer: Sehr gut, Jörn! Das war ein schönes Beispiel! Frost Hauptwort – frostig Wiewort! Schön! Hansi, weißt du auch ein Beispiel?
Hansi: Wenn einer Durst hat, dann ist er durstig!
Lehrer: Gut, Hansi! Ein schönes Beispiel!
Hansi: Ich kannts aa mit Hunger!
Lehrer: Ja, schön! Da ist es im Prinzip genauso!

Kurti meldet sich eifrig.

Lehrer: Ja Kurti, da schau her! Meldest du dich auch einmal! Das ist schön, dass du auch ein Beispiel weißt! Sags amal schön!
Kurti: Wenn ein Mädchen mein Fall ist, dann ist sie fällig!

Schmerzhafte Trennung

Sepp: Omei Kare! Bei uns dahoam is eine Stimmung – zum Flenna!
Kare: A geh? Wos isen? Is da Hund krank?
Sepp: Des gang ja no! Naa, unser Tochter is jetza 20 wordn und ziagt in a eigene Wohnung! I sogdas: Ein Drama! Mei Frau duatse wahnsinnig owe! „Omei, mei Deandl," sagts, „mei Desiree!" Erst 20 Johr alt und scho ganz alloans in da eigenen Wohnung! Wird ihr scho nix passiern, woma heit so viel hört bei Aktenzeichen XY und so! 20 Johr warma jetza beinander und jetza ziagts aus! Des is a gewaltiger Einschnitt! Ruaf fei ab und zu o, Desiree! Dassma wissen, dass es dir guat geht!"
Kare: Jamei, des is scho an Einschnitt im Leben von an Kind! Und vo da Mutter aa! Wo ziagts denn nacha hi, eier Tochter?
Sepp: Vom Erdgschoss in den erstn Stock affe!

Alterserscheinungen

Hans: Omei, es is a Kreiz!
Rudi: No geh Hans, wos host denn?
Hans: Jetza is so weit! Jetza kenn i, dass i olt werd! Seit gestern is mir des so richtig klar: Ich bin ein alter Mo!
Rudi: Seit gestern? So plötzlich? Warst krank oder wos?
Hans: Naa, in München war i. Do war a Popkonzert und i hob mein Sohn durt abgholt. I hob am Ausgang vo dera Hall gwart aaf eam. Und do bin i mir wahnsinnig olt vorkemma!
Rudi: Jamei, des is klar, dass du dir do olt vorkemma bist, des is total klar! Bei an Popkonzert san ja praktisch nur junge Leit. Do kimmtse unseroaner natürlich olt vor! Do brauchst di ned owedua!
Hans: Des waar ja no ned so schlimm gwen! Richtig frustriert war i erst, wia a bildsaubers Deandl aus da Hall aussa und zu mir herkemma is und zu mir gsagt hod: „Entschuldigung, kanntn Sie mi bitte zur U-Bahn begleiten. I hob nämlich in da Nacht Angst vor Männer!"
Rudi: Ach du Schand! Des is bitter! De betracht di praktisch als Nicht-Mo!
Hans: Genau! Sowos ziagt di total owe, psychisch! Des war eine wahnsinnig frustrierende Situation für mi. Und da Nam vo dera Band, de wos in dera Hall gspielt hod, de hod zu dera Situation passt wia d'Faust aafs Augn!
Rudi: Worum? Wer hod denn nacha gspielt?
Hans: Die Toten Hosen!

Fiese Tour

Kare: Des war wieder wos gestern!
Sepp: Genau! So ein Sauweda!
Kare: Des aa, owa i moan wos anders. Stell dir vor: I kimm aus da Apothekn außa, weil i mir an Blasentee gholt hob. Wia i außakimm, rengts in Strömen und was muass ich erblicken: Vorm Auto steht a Polizist und schreibt grod an Strafzettel!
Sepp: Bei dem Sauweda!
Kare: Des Weda is doch in dem Fall wurscht! Aaf jeden Fall sog i ganz ruhig: „Sie, Herr Freund und Helfer, amal eine Frage – wieso schreiben jetza Sie do einen Strafzettel?" Sagt er mit einem gewissen Hohn: „In dem Fahrzeug befindet sich keine Parkscheibe, das kostet zehn Euro!" Sog i: „Verstehens mi bitte ned falsch, Herr Ding, aber Sie san ein Tüpferlscheißer!"
Sepp: Ja kruzenäsn! Des host du zu dem gsagt? Tüpferlscheißer?
Kare: Wortwörtlich! Do bine radikal! Do sog i, wos i mir denk! Sagt er: „In diesem Fall kostet die fehlende Parkscheibe nicht zehn, sondern zwanzig Euro!" Sog i: „Is Eahna bewusst, dass Sie vo meinem Steiergeld leben? Is Eahna des bewusst? Wissen Sie, dass sich unseroaner krumm und bucklert arbeitet, damit Leit wia Sie den ganzen Dog mit an Block und an Kugelschreiber in einem hässlichen grünen Trachtenanzug und an weißen Narrenkappl spaziern geh kinna?"
Sepp: Ja mi läckst fett! Dem hostas owa gscheit geigt!
Kare: Gell! Owa der war unbelehrbar! Sagt er: „Wenn Sie das so sehen, erhöht sich die zu zahlende Summe auf dreißig Euro! Und außerdem sehe ich gerade, dass die Vorderreifen abgefahren sind! Das dürfte dann deutlich teurer werden!" Des hod der mit so einem dreckigen Grinsen gsagt, woaßt scho, so ein Grinsen nach dem Motto „Ha!", do hob i dann d'Nerven verlorn und hob

gschrian: „Und weilma grod dabei san – de Hinterreifen san aa abgfahrn! Und do schauns her, Herr Staatsgewalt, do schauns her, da TÜV is aa abgloffa! Do schauns, ha?" Dann sagt er triumphal: „Das gibt eine Anzeige!" Dann sog i: „Des is mir so wurscht, wia wenn in Dubai a Leberkaas verbrennt, du Torpfosten!" Dann howen stehlassn wia an Deppen und bin ganga!

Sepp: Ja Bluat von da Sau! Des war nicht dein Tag!
Kare: Wiamas nimmt! Es war aa ned mei Auto!

Dummer Bub

Sepp: Glaubstas, i werd mit meim Buam no narrisch! Der nimmt alles so wörtlich! Des is zum Verzweifeln!
Kare: Wörtlich? Wia wörtlich?
Sepp: Wörtlich halt! Der macht haargenau des, wosma eam sagt! Wörtlich!
Kare: Ja und? Des is doch guat!
Sepp: Des is ned guat! Des is schlecht! Der macht alles wörtlich, aber ohne Hirn! Des is des Dilemma!
Kare: Des versteh i jetza ned.
Sepp: Folgendes: Gestern hod er sich a Mofa kafft, weil er 15 wordn is. Sei erstes eigenes Kfz! A ganz Johr hoda jeden Cent gspart! Zeitungen austragn, Rasenmahn, Taschengeld, Geburtstagsfuchzger, alles hod er gspart für sei Mofa. Und drum hob i gsagt: „Konrad, des Mofa kaffst du dir allein, weil des host du dir verdient! Do red i dir nix drei! Aber Obacht – du muasst unbedingt handeln! Egal, wos da Mofahändler für an Preis sagt, du sagst allaweil weniger! Host du des begriffa? Du sagst allaweil weniger!" „Jawoll Papa!" hoda gsagt, da Depp!
Kare: Wieso Depp? Des is doch in Ordnung, wenn er immer weniger sagt als da Händler!

Sepp: Des is nicht in Ordnung! Da Konrad kimmt hoam, zoagt mir voller Stolz sei Mofa und sagt: „Papa, i hobs genau aso gmacht, wiasdmas du gsagt host! Da Händler hodma z'erst 18 Prozent Rabatt angeboten, owa i hobna aaf fünf Prozent owaghandelt! Do hoda gschaut! Aso hod no koaner mit eam ghandelt, hoda gsagt!"

Peinlicher Vater

Kare: Omei, war des peinlich gestern! I derf gar ned drodenka!
Sepp: Wos war denn nacha gestern? So schlimm wirds scho ned gwen sei!
Kare: No schlimmer! Mir warma am Vatertagsausflug unterwegs – insgesamt sechs Männer, ein Leiterwagl, zwoa Kastn Doppelbock und zwoa Flaschen Obstler. In da Friah um achte war Abmarsch in geistiger und körperlicher Frische. Aaf d'Nacht um sieme warn dann de Kästen und de Flaschen laar und mir warma voll!
Sepp: Des is owa normal am Vatertag. Des is doch ned peinlich!
Kare: Des an sich war ja ned peinlich! Peinlich is erst wordn. Mir kemma aaf d'Nacht um sieme mit unserm laarn Leiterwagl und unsere drümmer Räusch mittn in da Prärie zu einer Vatertagsfeier, de war unseres Erachtens total lusert – keine Musik, koa Bier, nix zum Essn, ein deutlicher Überhang an alte Weiber, deprimierend einfach! Sog i zu oan: „Ja kreizkruzenäsn, wos is denn mit eich los? Is des die Vatertagsfeier der Superlangweiler und du bist da erste Vorstand oder wos?" „Nein, mein Sohn" sagta, „des is eine Maiandacht und i bin da Pfarrer!"

Farbenspiele

Kare: Also rein politisch samma mir dahoam lauter Schwarze! Alle CSU! Des is praktisch a Tradition bei uns!
Erwin: A geh!
Kare: Jawoll! Mir samma scho schwarz gwen, bevor dass de CSU gebn hod! Gefühlsmassig praktisch! Es hod bloß no a Partei braucht, de wos zu userm Gfühl passt!
Erwin: Do schau her!
Kare: Ja! Aber: Unser Tochter, de schlagt jetza vollkommen aus da Art!
Erwin: Ehrlich?
Kare: Vollkommen! De is a Sekretärin bei da Gewerkschaft! De hod bloß no mit Rote Kontakt! Ständig!
Erwin: Mei, de junga Leit heitzudogs! Do host du keinen Einfluss aaf de Berufswahl! Schau mei Tochter o: De hod beruflich fast nur mit Braune zum dua!
Kare: Ja um Gottes Willen! Wo arwat denn de?
Erwin: Im Sonnenstudio!

Nachtruhe

Kare: Glaubst, is des wos Lästigs! Seit vier Wochen muass i jede Nacht um viere außa aus'm Bett wega dera blädn Bieslerei!
Sepp: Host ebba seit vier Wochen a Blasenschwäche?
Kare: Naa, an Hund!

Nächtliche Gesprächspartnerin

Sepp: Omei, de Kinder! Es is ned einfach mit denen!
Kare: Inwiefern?
Sepp: Mei Bua! 23 Johr – koa Freindin! Es is ned einfach!
Kare: Naa, des is ned einfach! Weil wennst amal 23 Johr bist, dann is des scho a Alter, woma sagt: „Noja, schlecht waars ned, wenn wos waar!"
Sepp: Ja eben! Woaßt, er fahrt jeden Freitag und jeden Samstag in d'Disco und wieder hoam, 30 Kilometer einfach. Des is einfach frustrierend, wennst du mitten in da Nacht in deim Auto hockst, ganz alloa, und koa alte Sau sagt wos zu dir! Direkt unheimlich is des!
Kare: Omei! Do duat er mir direkt leid!
Sepp: Noja, gottseidank is des jetza vorbei! Seit drei Wochen hod er a weibliche Ansprach, wenn er in da Nacht unterwegs is!
Kare: A geh! Hod er ebba endlich a Freindin?
Sepp: Naa, a Navi!

Arztbesuche

Resi: Jaja, der Bluatdruck! Der is unberechenbar!
Sofie: Traun derfst eam ned, dem Bluatdruck!
Resi: Naa! I messna sechsmal am Dog. Manchmal isa normal, dann isa z'hoch, dann wieder z'niedrig! Der duat, wosa will!
Sofie: Da Bluatdruck is a Hundling! Heit aso und morgen aso!
Resi: Noja, hoffma, dass er einigermaßen passt, wenn da Doktor jetza dann misst!
Sofie: Hoffmas! Ja, und mei Zucker wird in Gotts Nam aa passn! Jetza isa ja scho drei Johr normal, owa man woaß ja nie! Grod wenns'd moanst, es passt alls, dann isa

	mittndrin ned normal! Da Zucker is da gleich Schlawiner wia da Bluatdruck!
Resi:	Grod in unserm Alter! I sog allaweil: „Vorsicht ist die Mutter der Porzellankiste!"
Sofie:	Do host du recht! Du, wo is denn heit d'Fanny? Dass de heit ned beim Doktor is!
Resi:	De hod mi ogruafa, de konn heit ned kemma, weils krank is!

Fragen über Fragen

Man wird im Leben oft etwas gefragt. Es gibt sinnvolle Fragen. Leider aber auch völlig sinnlose. Das beginnt schon in der frühen Kindheit. Anstatt dass man ein Kleinkind fragt, ob es eine frische Windel oder ein Bananen-Breile mag, fragt man es neugierig: „Wie macht die Kuh?" Sodann freut man sich überschwänglich, wenn die Antwort richtigerweise „muh" lautet. Obwohl man schon vorher gewusst hat, dass das Kind mit Sicherheit einen Treffer landet, weil man ihm den Zusammenhang Kuh-muh wochenlang andressiert hat. Gleiches gilt natürlich auch für „Hund-wauwau", „Katze-miau" oder „Pferdl-ihaha"!
Ich für meinen Teil habe die Sinnlosigkeit und auch Würdelosigkeit dieser Fragen schon sehr früh durchschaut und sagte, unabhängig vom gefragten Tier, immer nur das, was ein Fisch sagt, nämlich gar nichts! Das brachte mir zwar den vorübergehenden Ruf ein, ich sei ein verstocktes Kind, bewahrte mich aber auch vor vielen lästigen Frage-Anwort-Spielchen.

Nun könnte man meinen, mit dem Entwachsen aus dem Kleinkindalter ende die dumme Fragerei, doch weit gefehlt! Ich kann mich noch gut erinnern, dass ich als Teenager von verschiedenen engeren und weiteren Verwandten bei Familienfesten mit der Frage „No Toni, host nacha scho a Freindin?" gequält wurde. Obwohl jeder wusste, dass ich wegen starker Schüchternheit und noch stärkerem Übergewicht keine Freundin hatte! Unter diesem Aspekt ist diese Frage nicht nur sinnlos, sondern auch deprimierend! Ich verneinte wahrheitsgemäß und als Trost schob man dann die Frage nach: „Magst a Leberkaassemmel?" Dies bejahte ich leider stets, was zu noch größerem Übergewicht und dazu führte, dass ich die Frage nach der Freundin noch lange mit „Nein" beantworten musste. Weitere Leberkässemmeln waren die Folge.

Doch irgendwann kommt der Tag und man findet ein weibliches Wesen, das mit einem „gehen" will. Doch ist das das Ende der Fragerei? Nein! Kaum hat die Verwandtschaft Wind von den zarten Kontakten zum anderen Geschlecht bekommen, wird man gefragt: „Und, wann wollts heiraten?" bzw. als Vorstufe zu dieser Frage „Wo isn her?" Der Wohnort der Freundin ist scheinbar für alle hochinteressant!

Irgendwann erfüllt man sich und der Verwandtschaft den Herzenswunsch und lädt zur Hochzeit, um weitere Fragen zu vermeiden. Doch auch diese Hoffnung ist trügerisch! Noch vor der Trauung fragen besonders zurückhaltende Zeitgenossen bzw. -genossinnen: „Is ebba schwanger?"
Erweist sich die Vermutung der Schwangerschaft als falsch und stellt sich ein Jahr nach der Hochzeit noch kein Nachwuchs ein, fragen gute Freunde nach der dritten Halbe Bier vertrauensvoll: „Hauts ebba ned hi?" Diese Frage wird gleich mit gutgemeinten und wertvollen Tipps verbunden: „Fahrts amal weg und probierts auswärts! Ohne den Alltagsstress is a Wei empfänglicher!"
Um die Sache abzukürzen: Irgendwann hat man ein Haus, Kinder, einen Beruf und denkt, die Zeit der sinnlosen Fragen sei ein für allemal vorbei – ist sie aber nicht! Im Erwachsenenalter erreicht die Sinnlosigkeit der Fragen eine völlig neue Dimension! Eines von vielen Beispielen: Ich war einmal im Supermarkt beim Einkaufen. Da traf ich meinen Freund Erwin, der mich doch tatsächlich fragte: „Kaffst ebba ei?" Was soll man auf diese Frage im Supermarkt mit einem Einkaufswagen, in dem ein Einkaufskorb

steht, antworten? Normal müsste man sagen: „Naa, i hob do herin an Zahnarzttermin!" Aber weil ich ein höflicher und gutmütiger Mensch bin, antworte ich mit „ja, eikaffa dua i"! Die Blödheit der Fragen lässt sich jedoch steigern! In meinem Einkaufswagen lag zum Zeitpunkt meines Zusammentreffens mit Erwin dem Frager eine Literflasche Cola, was ihn zu der feinsinnigen Frage veranlasste: „Hosta a Cola kafft?" Die Antwort „naa, des san Slipeinlagen, de schaun bloß aus wia a Cola" verkniff ich mir und nickte bloß.
Doch Erwins Informationsbedürfnis war damit noch nicht gestillt! „Und sunst?" fragte er. Diese Frage hasse ich! Wos soll das? „Und sunst?" Was will er von mir wissen? Was ich sonst noch kaufe? Wie es mir geht? Was ich von der politischen Lage im Sudan halte? Ich gebe mit „alles klar" die Standardantwort auf blöde Fragen und entferne mich unauffällig.

Doch in der Fleischwarenabteilung erwartet mich die nächste sinnlose Frage, gestellt von einer Verkäuferin. Sie kommt aus einem Nebenraum mit einem herzlichen „Grüß Gott, wer is der Nächste?" Ich bin der einzige Kunde, der an der Theke steht! Wer soll denn bitteschön der Nächste sein außer mir? Der Nikolaus? Der Osterhase? Der 30. Februar? Es ist nicht zu fassen!

Keinen Deut sinnvoller war die Frage, die mir ein Bekannter unlängst stellte. Ich saß auf einem leeren Bierkasten vor meinem Gartenzaun und strich diesen – den Gartenzaun, nicht den Bierkasten! Besagter Bekannter kam des Wegs und fragte mich: „Streichst ebba dein Gartnzaun?" Wie gesagt, ich war auf Grund der Örtlichkeit, meiner Ausrüstung und vor allem meiner Tätigkeit eindeutig als ein Mensch erkennbar, der seinen Gartenzaun streicht! „Ja genau" antwortete ich, innerlich aufgewühlt ob der dummen Frage. Aber er setzte noch eins drauf! „Ebba braun?" Ich brauche nicht darauf hinzuweisen, dass der bereits gestrichene Teil des Zaunes in sattem Braun erstrahlte!

Manche Fragen sind nicht nur sinnlos, sondern sogar gefährlich! Seltsamerweise werden diese zum ganz überwiegenden Teil von Frauen, meist sogar von Ehefrauen gestellt.
Da ist zunächst die berüchtigte Kleiderfrage vor dem Ausgehen: „Solli liawa des rote oder des schwarze Kleidl oziagn?" Diese Frage kann man als Mann nur falsch beantworten! Denn egal, ob man sich für rot oder schwarz entscheidet: Die nächste Frage lautet hundertprozentig: „Warum?" Jetzt könnte man meinen, man könne sich dadurch retten, indem man sagt „weil du in dem Kleidl super ausschaust!" Von wegen! Nach diesem an sich positiven männlichen Statement folgt sofort die nächste weibliche Frage: „Schau i ebba in dem andern schlecht aus?"
Und so gerät man(n) immer mehr in den Strudel der Argumentationsprobleme! Dies führt dann oftmals zu blankliegenden Nerven und zu der flapsigen Bemerkung: Ziag doch o, wos'd willst, mir is des scheißegal!" Und der Abend ist im Eimer!
Auch die ausschließlich weibliche Frage „wos magst du eigentlich an mir?" ist eine ganz üble! Denn wenn man als Mann nicht wie aus der Pistole geschossen fünf Punkte in blumenreichen Worten aufzählen kann und erst lange überlegen muss, bis man einen Punkt findet, hat man ein Riesenproblem! Von der Frage „bin i z'dick?" will ich jetzt gar nicht reden – das wäre eine eigene traurige Geschichte!

Nicht gefeit, sinnlose Fragen zu stellen, ist auch die von mir ansonsten geschätzte Obrigkeit. Wie anders soll man folgende Situation beurteilen: Ein Mann fährt in Schlangenlinien durch die Nacht, fürsorglich verfolgt von einer Polizeistreife. Diese winkt den Wagen rechts heran, der Fahrer fällt vor lauter Rausch aus dem Auto, rappelt sich mühsam hoch und schaut mit glasigen Augen und dümmlichem Grinsen den Gesetzeshüter an. Und dieser schafft es doch tatsächlich, dem armen Menschen die Frage zu stellen: „Hamma wos trunka?"
Zum Ersten ist die Fragestellung im Plural ein Unsinn, da es völlig belanglos ist, ob und was der Polizist getrunken hat, zum Zweiten steht bzw. wankt die Antwort ja ohnehin persönlich vor der Ord-

nungsmacht. Und wenn dann die wankende Antwort lallt: „a kloans Radler und a Apflscholle (das Wort ‚Schorle' ist alkoholisiert sehr schwierig auszusprechen!) howe ghabt – soweit i woaß", dann folgt sofort die nächste sinnlose Frage: „Waarn Sie mit an Alkotest einverstanden?" Natürlich waarn wir nicht, aber die Umstände sprechen nicht für ein „nein" als Antwort! Und so ergibt man sich mit den Worten: „In Gotts Nam, nacha blose holt!"

Es gäbe noch viele Fragen, deren Sinn gegen Null geht wie z. B. „host ebba wos am Fuaß?", wenn man mit Krücken und Gehgips das Stammwirtshaus betritt oder „magst no a Holwe?", wenn die Ehefrau bereits zum Abholen da ist! Ich will es aber damit bewenden lassen, denn auch diese Geschichte muss einmal zu Ende sein.

Ganz zum Schluss möchte ich nicht die Frage, sondern die Antwort in den Mittelpunkt stellen, denn auch diese kann sinnlos sein. Ein guter Freund erzählte mir, dass er gegen Mitternacht aus dem Wirtshaus heimkam. Wie er das Schlafzimmer betrat, überkam ihn der sponatne Wunsch nach Zärtlichkeiten und er fragte seine im Bett liegende Gattin: „Schlofst scho?"

Die Antwort lautete: „Ja!"

Hummelfigur

Kare: Omei! Jetza sammelt mei Frau Glastiere! Glastiere! So kloane, de wos'd kaam segst! De san glei hi, wenns owefolln! Aso ein Glump! Gestern steh i vo da Couch aaf, kimm minimal an den Wohnzimmertisch dro – bumms, warn scho a Giraff und a Tintnfisch hi! Des Gschroa hättst hörn solln! De hodse aafgführt, wia wenn i a Kind dertretn hätt oder a Katz!

Sepp: Arme Sau! Dann derfst di ja du in da eigenen Wohnung praktisch nimmer rührn!

Kare:	Des is ja des! I kannt narrisch werdn! Mei Frau sammelt lauter so Glump! Clowns, Stofftiere, Puppen und und und!
Sepp:	Hods nacha a Hummelfigur aa, dei Frau?
Kare:	Ja, leider! Und wos für oane! Mir waars liawa, sie hätt a Wespentaille!

Brotlos

Sepp:	Also d'Welt an sich is scho ungerecht!
Kare:	D'Welt an sich?
Sepp:	Bloß a Beispiel: I les gestern im Kaasblattl vo meiner Frau, dass a Hollywoodschauspieler für oan Film bis zu 20 Millionen Dollar kassiert! Für oan Film!
Kare:	Ja und? Des konn doch dir wurscht sei! I bin so oan ned neidisch! So oaner hod teilweise drei, vier Weiber! Des is aa ned einfach! Der macht wos mit, des sog i dir!
Sepp:	Scho klar, owa trotzdem is des ungerecht! I spiel bei uns beim historischen Volksschauspiel mit – insgesamt 10 Aufführungen – und kriag keinen Cent dafür! Und da Ander kriagt für oan Film 20 Millionen!
Kare:	Dua di ned owe! Du host doch den Applaus vom Publikum! Und Applaus ist das Brot des Künstlers!
Sepp:	Des scho. Owa ab und zu waar a Wurscht aa ned schlecht!

Aufklärung

Vater:	Du, Sepperl!
Sohn:	Wos isen, Papa?
Vater:	Sepperl, du bist doch jetza scho 13 Johr old.
Sohn:	Ja, Papa!
Vater:	Genau! Und drum daadert i mit dir jetza gern über wos redn! Vo Mann zu Mann!

Sohn: Über wos nacha?
Vater: Es is mir direkt a weng peinlich – es geht um des Thema Sex! Weil i in letzter Zeit seg, dass du öfters mit Deandln redst!
Sohn: Des braucht dir doch ned peinlich sei!
Vater: Mei, woaßt ja, wias is! I bin halt doch a ganz a andere Generation wia du!
Sohn: Des macht gar nix, Papa! Owa i hob jetza koa Zeit, i muass zum Fußballtraining!
Vater: Owa des waar mir fei scho wichtig mit dem Sex!
Sohn: Machmas aso: Wennst konkrete Fragen host – schreibmas einfach aaf, dassdas ned vergisst! Dann redma aaf d'Nacht drüber und i erklär dir alles, wos du ned woaßt!

Konsequent

Kare: Glaubstas, is in dem Bierzelt eng! Mir duat scho da Orsch weh vom Sitzn! Und's Kreiz erst! De hirtn Bierbänk bringen mi no um!
Sepp: Und de Luft! Der Rauch! Und der Wamperte hinter mir, der schwoaßelt aso! Ja pfui Deifl! I hob scho direkt Atemnot! Mi hebts direkt!
Erwin: Und alles so deier! Do isst a Kleinigkeit und scho bist an Zwanzger los! I hob für mei Schaschlik mit Pommes und meine drei Bratwurschtsemmeln 19 Euro 60 zahlt! Und dann no's Bier! So deier! Als Grundnahrungsmittel! De hamm doch an Vogel hamm de!
Rudi: Es is eine Unverschämtheit! Sogar fürs Biesln muasst zahln! A Fuchzgerl hob i grad bei da Klofrau blecht! Stellts eich des vor! Z'erst zahlst fürs Eineschüttn und dann zahlst fürs Außabiesln! Du zahlst praktisch fürn Input und fürn Output! Aa beim Essen! Do is no schlimmer! Do kost da Output an Euro!

Mane:	Und de Musik! Dermaßen laut! I daad denen am liabsten de Boxen und des ganze elektrische Glump zammhaun! Und dann no de Nägermuse! „Verdammt ich lieb dich, ich lieb dich nicht" – der woaß aa ned, wosa will! A scheene Volksmusik waar ganz wos anders! „Tief drin im Böhmerwald" oder „Zipfl eine, Zipfl auße"! Des san halt no Liadln!
Hans:	Und de unfreindlichen Bedienungen! Solcherne Muffeln! Und schee sans aa ned! Jetza hob i scho drei Mass und de unsere is allaweil no greislich!
Ernst:	Owa sunst passt alles! Drum gemma morgen wieder ins Bierzelt, oder?
Alle:	Sowieso! Prost!

Extreme Menschen

Kare:	Mei Schwager war jetza sechs Wocha z'Amerika! Der sagt, des Land is scho extrem! Und aa d'Amerikaner an sich, sehr extrem! Der sagt, in Amerika gibts nur Wamperte und Dürre, fast koa Normale! Dodal extrem!
Sepp:	Bloß Wamperte und Dürre, Wahnsinn! An Vogel hamms scho, de Amerikaner! So extrem is bei uns ned! Bei uns gibts bloß Wamperte!

Nicht immer muss eine Einladung zum erhofften kulinarischen Genuss führen. Klaus und Ursel haben das befreundete Ehepaar Rudi und Inge gebeten, zu einem gemütlichen Abend vorbeizukommen und in der Einladung eine Überraschung versprochen. Rudi hat den ganzen Tag schon nichts gegessen, denn das Motto der Überraschung lautet

Tropische Mahlzeit

Rudi: *Während er läutet:* Do bine ja gspannt, wos uns d'Ursel heit auftischt! „Tropische Mahlzeit" – des is bestimmt nix Schlechts ned! Am End Shrimps oder a guada Seedeifl in Curry-Mango-Soße oder Kokosmilch oder so. I mog sowos! Also, an Fleischsolot und an Leberkaas mog i aa, owa sowos Exotischs aa, zwischendurch! Ned allaweil, owa zwischendurch gern amol!

Inge: Mmhhh! Mir lafft scho 's Wasser im Mund zamm!

Rudi: Hund sans scho, da Klaus und d'Ursel! Und wos Kocha betrifft, do is ja sie a richtige Matz! Also positiv a Matz, ned a Matz an sich! Woaßt scho, wose moan!

Inge: Und wia de handwerklich gschickt is! Do schau her, des Türschildl, des hods bestimmt selber gmacht! Weil sie geht doch in den Töpferkurs für Birkenpollenallergiker!

Rudi: Wos alles gibt! Da Kare hod letztings erzählt, er hod im Kursprogramm vo da Volkshochschul glesn, dass an Schwimmkurs für Aussiedler gibt! De schwimmen doch aa ned anders wia unseroaner, oder?

Inge: Des is doch jetza wurscht!

Rudi: I moan ja bloß. A scheens Türschildl is des! Owa de Namen! Mensch Meier, is denen nix anders eigfolln? „Hier wohnen Ursel, Klaus, Gerrit und Wal-

	demar"! De arma Kinder! I woaß bis heit ned, ob des Gerrit a Mandl oder a Weibl is!
Inge:	Des kanntst owa jetza langsam wissen! Se hamm doch an Buam und a Deandl, dann konn doch „Gerrit" bloß a Deandl sei! Weil „Waldemar" is doch hundertprozentig a Bua!
Rudi:	In da heitigen Zeit is nix mehr hundertprozentig! Waldemar! Pff! Schau dir d'Grunzlmeiers o, denen ehra Bua hoaßt Marion! De spinnen doch!
Inge:	Mario hoaßt der, ned Marion!
Rudi:	Achso! Und i sog allaweil Marion zu dem und der Krippl sagt kein Wort!
Inge:	Der halt di wahrscheinlich für bläd!
Rudi:	Aso ein Fratz! Der kannt aa amol a Wort sogn, dass des „n" z'viel is! Lasst mi do dauernd Marion zu eam sogn und sagt nix! Eine Unverschämtheit! Des wenn da mei waar! Obwohl, dann hoaßert er gwies ned Mario! Und Marion scho zwoamol ned!
Inge:	Jetza sei staad, jetza kimmt wer!

Ursel öffnet in einem karibisch angehauchten, sehr bunten Kleid die Tür und begrüßt die Beiden überschwänglich. Ihr Mann ist seit Kurzem im unteren Management tätig und deshalb redet sie ein leichtes Hochdeutsch! Man muss sich ja von der Arbeiterschicht zumindest sprachlich abheben, wenn man es schon intelligenzmäßig nicht kann.

Ursel:	Ach, da seids ja, ihr Lieben! Schön, dass ihr da seids!

Umarmt und küsst zuerst Inge auf die linke und rechte Backe. Rudi, dem diese Küsserei unangenehm ist, küsst Ursel vor lauter Verlegen- und Verklemmtheit auf den karibisch geschminkten Mund, was allen mehr oder weniger peinlich ist.

Rudi:	*Nachdem er sich den Mund abgewischt hat:* Äh, do schau her, Ursel, do hamma eich wos mitbracht! Als Dank für die Einladung! Des ghörtse einfach, hod d'Inge gsagt! A Weißwein! A Deitscher! A

	"Krumplheimer Bauernzipfel"! I hobma denkt, der konn ned schlecht sei – bei dem Nam! Do bist scho guat drauf, wennst bloß des Etikett lest! Krumplheimer Bauernzipfel – geh läck mi doch am Orsch! *Lacht kopfschüttelnd.*
Inge:	Also Rudi!! Sei doch ned allaweil so gschert!
Ursel:	Ach komm Inge, lass ihn doch! So isser halt, unser Rudi! Gell Rudi!
Rudi:	Ja genau! Aso bine halt! Gell, Inge!
Inge:	Ach, bi staad!
Ursel:	So jetza kommts aber rein!

Man geht ins Wohnzimmer, wo schon Klaus mit einem älteren Ehepaar auf der Couch wartet. Allerdings hat man sich in der Diele die Straßenschuhe ausgezogen und schlüpft in eigens dafür bereitstehende Gästehausschuhe.

Klaus:	Ja griaß eich, Inge und Rudi! Gfreit mi, dass ihr do seids! Derf eich meine Eltern vorstelln: Des is mei Papa, da Erich, und des mei Mama, die Rosa!
Rudi:	*Gibt Erich die Hand.* Habe die Ehre all zwoa! Schee, dassma eich aa amol kennalerna! Servus Erich!
Inge:	Also Rudi! Z'erst gibtma der Frau die Hand!
Rudi:	Doch bloß bei junge! Bei so olte nimmer, do is wurscht!
Inge:	Also Rudi! Jetza reiß di owa zamm!
Rosa:	Ach, des macht doch nix! So förmlich gehts bei uns ned zua! Und i bin ja aa wirklich scho 68 Jahr alt!
Rudi:	Also Inge, do segstas! I hätts sogar scho aaf über 70 gschatzt. Nix für unguat, Rosa! *Gibt Rosa die Hand.* Servus Rosa! Rosa is fei a scheener Nam! Du hoaßt praktisch wia a Farb! Rosa! De ganz junga Weiwa, de hoaßn heitzudogs nimmer Rosa, sondern Pink!
Rosa:	Jaja, i bin ganz zufrieden mit meinem Nam!
Rudi:	A Arbeitskollege vo mir hoaßt aa wia a Farb!
Rosa:	A geh! A Mann? Wia a Farb? Wia hoaßt nacha der?

Rudi:	Weiß! Owa mit Nachnam! Der Nam passt guat zu eam, weil er is allaweil recht kaasig! Wenna ned so kaasig waar, hoaßert er wahrscheinlich eher Braun. Noja, a Wunder is ned, dass er kaasig is, weil er hods mit'm Mogn. Der vertragt zum Beispiel koan Joghurt ned. Hä, der wenn an Joghurt isst, den blahts dermaßen, also neilich, mir sitzma in da Kantine, i sog no aa: „Nono, wos war jetza des? Derweil ...
Inge:	Rudi! Jetza bi halt amol staad! Des interessiert doch keinen Menschen!
Rudi:	I moan ja bloß! Mir is des sowieso wurscht, weil i koan Joghurt ned mog!
Ursel:	So, jetza setzts euch bittschön!
Inge:	Danke! Bin so frei! *Rudi saß schon vor der Aufforderung.*
Klaus:	Was wollts denn trinka?
Rudi:	Wos host denn do? A dunkls Weizen?
Klaus:	Naa, des hamma leider ned. Mir hamma an Grünen Veltliner, oder an Rose, oder an Prosecco oder a Mineralwasser!
Rudi:	Dann nimm i a Kristallweizen!
Klaus:	A Weißbier hamma leider überhaupt ned. Des duat mir jetza direkt leid!
Inge:	Mensch Rudi, du allaweil mit dein Weißbier! Trink halt amal wos anders und ned immer bloß a Weißbier!
Klaus:	*Vielsagend lächelnd:* Also, a Bier hättma natürlich scho da, aber a ganz a bsonders! Ursel, woaßt scho, wos i moan!
Ursel:	*Ebenfalls vielsagend lächelnd:* Ich weiß scho, was du meinst, Klausi!
Rudi:	Klausi! *Zu Inge:* Do segst, wia de nett is zu ihran Mo! De sagt „Klausi!! Mit „i" hintn!
Inge:	Ja und? I sog aa „Rudi"!

Rudi:	Hmm ... stimmt! Owa „Rud" waar ja vo Haus aus a Schmarrn!
Inge:	Wos habts denn dann für a Bier?
Rudi:	Ned dass a recht a Plempl is! Alles saaf i aa ned! I saaf einiges, owa ned alles!
Klaus:	Es is folgendermaßen: Mir hamma eich doch heit alle eingladen unter dem Motto „Tropische Mahlzeit".
Erich:	I hobmas scho denk: „Wos wird jetza des sei?"
Rudi:	I fei aa! I hob extra nix gessn dahoam, weil i mog des Tropische recht! Woaßt scho – Ananas, Shrimps, Gyros und des Zeig!
Ursel:	Naja, des hamma jetza speziell nicht dabei, aber dafür ganz was Bsonders! Des habts ihr noch nie gessen, des versprich i euch!
Rosa:	Do bine gspannt!
Inge:	I erst!
Klaus:	Hintergrund is folgender: Mir warn doch heuer im Frühjahr drei Wochen in Borneo!
Rudi:	Do schau her! Mir warma vier Dog in Traunstein! War aa ned schlecht! Vollpension! De hamm einen Sauerbraten ghabt, Wahnsinn! Und dann so Mohnkugerln, also de ...
Inge:	Jetza bi halt amal staad, Rudi! Lass doch den Klaus erzähln!
Rudi:	I sog ja bloß!
Ursel:	Auf jeden Fall hat der Klaus in Borneo jede Menge Fotos geschossen, digital natürlich! Dieses Borneo ist ja ein Paradies! Da gibts Eingeborene, die leben heute noch wie in der Steinzeit! Die kann man anschauen und fotografieren.
Rudi:	Hamm de ned amol a Handy?
Inge:	Nicht einmal ein Telefon! Nicht einmal Strom!
Rudi:	Ja mi läckst am Orsch!
Inge:	Rudi!!
Rudi:	Ja, entschuldige! I war bloß momentan so baff!

Rosa:	Schauma uns ebba die Fotos o?
Ursel:	Viel besser, Schwiegermama, viel besser! Der Klaus hat einen wunderschönen Diavortrag zusammengestellt und den schauen wir uns heute gemeinsam an!
Inge:	Ja super! Do gfrei i mi scho drauf!
Rudi:	Jetza muass i amol dumm frogn: Und zum essn gibts nix?
Inge:	Rudi!!
Rudi:	I moan bloß! I hob seit zwölfe Mittag nix mehr gessn, des san jetza acht Stundn! Und es war bloß a Hawaii-Toast! Des is ebbs, dass's aa ebbs is!
Ursel:	Keine Angst, Rudi! Selbstverständlich gibt es was zu essen! Wir haben die Speisenfolge passend zum Diavortrag zusammengestellt!
Rudi:	Gottseidank! Dann isma scho wohler! Mi hungert gscheit!
Klaus:	Also, fangma an mit einem Bier, original auf Borneo von den Suruburu gebraut! Des is a Stamm im Nordosten und des Bier is bei denen da spezielle Begrüßungstrunk! Mir hamma einen Liter durch'n Zoll gschmuggelt! Ursel, bringst bitte mal des Bier vo de Suruburu!

Ursel bringt einen Tonkrug und sechs Gläser. Sie befüllt diese mit einer trüben, braun-gelblichen, schäumenden Flüssigkeit.

Klaus:	*Indem er sein Glas erhebt:* Njattl! Das heißt bei den Suruburu „Prost"! Schön, dass ihr da seids! *Alle nippen leicht, Rudi trinkt aufgrund seines Durstes nach einem herzlichen „Njattl" ex.*
Rudi:	Ned amol schlecht! Schmeckt fei direkt a weng in Richtung Bier! Hamm de do im Urwald drin an Hopfa?
Ursel:	Nein, nein, Rudi! Hopfen ist da nicht drin! Die Grundlage ist die Nirak-Wurzel. Die wird …

Klaus:	Nein, Spatzl! Aus der Nirak-Wurzel machens doch den Liebestrank! Des Bier wird aus der Tschitsche-Wurzel gebraut!
Ursel:	Ach ja! Da hast du recht, Spatzl! Des hab i jetzt verwechselt!
Erich:	Aus ana Wurzel wird des gmacht? Hut ab, des schmeckt wirklich ned schlecht! *Trinkt auch aus.*
Rosa:	I mag ja normal koa Bier ned, owa man kanns trinka!
Rudi:	Und is do a Alkohol aa drin? Weil i bin do recht sensibel und i daad sogn, do is a Alkohol drin!
Klaus:	Rudi, sehr gut erkannt! Do is Alkohol drin!
Inge:	Und wia kimmt der eine? Hamm de a Hefe oder wos?
Klaus:	Naa, Hefe gibts ned. Aber de hamm da a ganz a bsonders Verfahren: De Tschitsche-Wurzel wird zerkaut, dann speimses in a Schüssel eine, dann wird Wasser zuagsetzt und do entsteht dann aso a Art Saft, owa noch alkoholfrei!

Inge und Rosa werden schon etwas bleich, die abgehärteten Rudi und Erich verfolgen die Ausführungen von Klaus noch ohne sichtbaren Ekel.

Erich:	Und wia kimmt dann da Alkohol eine im Endeffekt?
Klaus:	Es wird ein Sekret zugesetzt, das wandelt den Fruchtzucker in Alkohol um!
Rudi:	Und wos is des für a Sekret?
Ursel:	Das kommt aus der Afterdrüse des Stachelschweines!

Rosa und Inge spucken ins noch halbvolle Glas, Erich und Rudi ins leere.

Erich:	Um Gottes Willen!
Inge:	Ja mi läckst am Orsch!
Rudi:	Inge!! Sei ned allaweil so vulgär! Du Klaus, host an Schnaps? Owa an deitschn!

Ursel:	*Lachend:* Das war natürlich ein Witz mit der Afterdrüse!
Inge:	Ja gottseidank! I hob scho an Herpes gspürt! I bin do wahnsinnig empfindlich im Lippenbereich!
Rudi:	An Schnaps konnst trotzdem bringa!
Ursel:	Wartet, ich hol einen Obstler! Klausi, erklär den Armen bitte, wo das Sekret herkommt!
Klaus:	Des pressens aus da Rinde vom Wrdi-Baum!
Rudi:	*Erleichtert:* Also naa, glauben möchstas ned! A Matz is's scho, d'Ursel!
Inge:	Rudi!!
Rudi:	Wos? I moan des positiv! Des war a Kompliment!
Ursel:	*Die gerade mit dem Obstler zurückkommt:* Danke, Rudi! Ich versteh das auch als Kompliment!
Rudi:	Gern gschehn! *Erhebt seinen Obstler und man trinkt gemeinsam, um die Afterdrüse zu vergessen.*
Klaus:	So, des war unsere lustige Einleitung! Jetza schauts bitte alle auf die Leinwand, weil jetza fangt mei Diavortrag o! *Er drückt auf den Knopf der Fernbedienung, aber es tut sich nichts.*
Klaus:	Ursel, des geht ned!
Rudi:	Worum geht'n des ned?
Ursel:	Hast du die richtige Fernbedienung?
Klaus:	Moment – do is de vom Fernseher, de vom Receiver, de vom DVD-Player, de vom Videorecorder, de vom Garagentor – i hob de richtige! Und des geht trotzdem ned!
Rudi:	Do liegt aa no oane!
Ursel:	Des is unser digitaler Blutdruckmesser!
Rudi:	Achso!
Ursel:	Dann wars bestimmt wieder der Waldemar! Waldemaaar! Komm bitte mal her!
Waldemar:	*Während er lustlos hereinschlurft:* Isn scho wieder?
Ursel:	Waldemar, hast du wieder Playstation gespielt und ned umgsteckt?
Waldemar:	Maybe!

Ursel:	Was?
Waldemar:	Koschosei!
Ursel:	Was??
Waldemar:	*Ironisch:* Kann schon sein, mein Mütterlein!
Klaus:	Jetza sei ned so frech zu deiner Mama und steck um, sunst schepperts im Karton!
Waldemar:	Okay okay, nur die Ruhe! Machts koan Stress! *Während er umsteckt:* Ey Oma, host du mir mein Geburtstagsfuchzger heier scho gebn?
Rosa:	Äh, ja, Waldemar, den hob i dir scho gebn!
Klaus:	Schau bloß, dass'd weidakimmst, du geldgeiler Fratz!
Waldemar:	Bleib cool Dad, des is ned gsund!

Während Waldemar so lustlos, wie er hereingekommen ist, wieder hinausgeht, kommt seine Schwester Gerrit herein.

Gerrit:	Papa, da Waldemar hod gsagt, i bin so dumm, dass i pfeif!
Waldemar:	Jetza nerv den Papa ned, der is beschäftigt! *Zieht Gerrit mit sich hinaus.*
Rudi:	Nette Kinder habts! So selbstbewusst!
Ursel:	Naja, manchmal sans scho anstrengend! Owa jetza gehts los! Klaus, bitte starten!
Klaus:	Okay, bitte anschnallen! Ab gehts nach Borneo! Do samma grad in Frankfurt am Flughafen vorm Abflug!
Rudi:	A mords a Flughafen is des!
Klaus:	Ja, mords!
Rudi:	Wia viel Grad hods do ghabt in Frankfurt?
Klaus:	Mei, so ungefähr 15 oder 16.
Rudi:	Ganz schee frisch für Frankfurt!
Inge:	Also Rudi, des is doch jetza völlig nebensächlich!
Rudi:	I frog ja bloß, interessehalber! Und 15 Grad, des is ned warm!

Klaus:	Genau, Rudi! So, und des is scho des erste Foto vo Borneo! Des is unser Jeep und unser Guide, unser Führer praktisch!
Rudi:	In Borneo, do derfma no „Führer" sogn, ohne dassma glei gstraft wird!
Inge:	Rudi!
Rudi:	I sog ja bloß!
Rosa:	Der schaut freindlich aus! Gar ned so borniert!
Ursel:	Wieso sollte der borniert sein?
Rosa:	Ja, wenn er doch vo Borneo is!
Ursel:	Haha, sehr lustig!
Rudi:	Hod der deitsch kinnt?
Ursel:	Nein Rudi, natürlich nicht! Wir haben uns ausschließlich in Englisch unterhalten!
Rudi:	Jaja, Englisch wennst konnst, des is de halbe Miete! Und de andern zwoa Leit, wer san de?
Klaus:	Des is a Ehepaar aus Magdeburg, de hamm de Expedition zu de Ureinwohner aa mitgmacht!
Rudi:	Magdeburg! Do segtma, wo unser Soli bleibt! In Borneo im Endeffekt!
Inge:	Mensch Rudi, du allaweil mit deine Vorurteile!
Rudi:	Weils wahr is!
Klaus:	Ursel-Schatz, jetzta miasserst du bitte den ersten kulinarischen Beitrag aus da Küch holn! *Vielsagend lächelnd:* Woaßt scho!
Ursel:	Alles klar, Schatz! *Geht in die Küche.*
Rudi:	*Flüsternd zu Inge:* Endlich wos zum essn! Zeit wirds!
Klaus:	So, und da samma scho im Dorf von de Suruburu! Ihr segts: Alles voller Schweine! Des Schwein is denen ehra Lebensunterhalt! Und mir hamm uns denkt, mir servierma eich a Kleinigkeit, des zu dem Bildl passt!
Rudi:	Aaah! A Schweiners! Des passt haargenau, weil mi hungert wia d'Sau!
Inge:	Rudi!
Rudi:	*Nach dem Obstler schon kecker:* Wia d'Sau!

Ursel:	*Stellt eine gefüllte Schüssel auf den Tisch.* So bitte! Bedient euch!
Rudi:	*Nachdem er als erster ein Stück genommen und verspeist hat:* Mmmhh, guat! Des san gegrillte Schweineschwarten, ha? De mog i gern! A wengerl hart sans, owa knusprig und gschmacklich einwandfrei! Probierts!

Alle nehmen sich ein Stück von der Grillware und loben das gute und würzige Aroma.

Ursel:	Und? Was sagt ihr?
Erich:	Ja, nicht schlecht! I mog Schwarten aa recht gern! Aa beim Schweinshaxn, do iß i de Schwarten komplett! Ganz guat gewürzt! Im Nachhinein hamms direkt a weng a Käsenote! Ganz leicht!
Klaus:	Des san koane Schwarten! Des is ganz wos Exquisits! Des san geraspelte Sauhufe! Also Zehanägl quasi von da Sau!

Alle sehen sich betreten an, insbesondere Rudi, der als Einziger schon vier Hufraspel verspeist hat.

Rudi:	Is des jetza aa a Witz? Wia des Bier mit dem Arschsekret?
Ursel:	Nein, das ist kein Witz! Das sind wirklich geraspelte Schweinehufe! Die essen die Suruburu leidenschaftlich gern! Bitte, bedient euch ruhig noch, es ist genügend da!
Rudi:	Naa, dankschön! De san recht sättigend! I trink liawa no an Obstler!
Klaus:	So, und nun zum nächsten Foto: Das hier ist quasi die Dorfjugend der Suruburu! Kinder haben die jede Menge!
Rudi:	Mei, wos daadns denn den ganzn Dog! Koa Bundesliga, nix!
Inge:	De san ja alle nackert!

Ursel:	Nacktheit ist dort etwas völlig Natürliches! Man schämt sich nicht!
Rosa:	I daad de ned auseinanderkenna! Do schaut oaner aus wia da ander!
Klaus:	Wos sehr interessant is: A Bua is bei denen ab 12 Johr a Dongo und ab 14 a Bongo!
Inge:	Und wos isa vor 12?
Klaus:	Do isa einfach a Bua!
Rudi:	Is doch klar! Vor 12! Wos soll er do scho sei?
Inge:	Jamei, wos woaß i? Vielleicht a Gongo!
Rudi:	A Gongo! Aso a Schmarrn! An Gongo gibts doch gar ned! Wia kimmst denn aaf so a bläds Wort?
Inge:	Jamei, kannt ja sei!
Klaus:	Und a Deandl is ab 10 Johr a Hiri und ab 14 a Miri!
Rosa:	Wos alles gibt aaf dera Welt!
Ursel:	Und jetzt kommt das Hochinteressante: Ein Bongo darf sowohl eine Hiri als auch eine Miri heiraten. Ein Dongo aber nur eine Hiri! Keine Miri!
Rudi:	Aha! Und derf dann a Miri an Dongo heiratn oder bloß an Bongo? Oder wia is des?
Klaus:	Hm ... des woaß i jetza im Moment aa ned hundertprozentig. Ursel, derf a Miri an Dongo heiratn?
Ursel:	Also sicher weiß ich das auch nicht. Aber ich würde eher Nein sagen!
Rudi:	Owa gwiss woaßdas ned, oder?
Inge:	Des is doch ned so wichtig! Rudi, stell halt ned allaweil so komische Fragen! Des konn doch dir völlig wurscht sei, ob a Miri an Bongo heiratn derf!
Rudi:	An Dongo! I hob nix von an Bongo gsagt! Drah mir ned immer's Wort im Mund um!
Inge:	Ja, is doch egal!
Rudi:	Mi hätts scho interessiert! Owa mei, wenns koaner woaß, do konnma nix macha!
Klaus:	Des duat mir jetza leid! Owa es hilft nix, kemma zum nächsten Bildl: Des is da Häuptling! Des er-

	kenntma daran, dass er durch sei Nosn an Holzpfeil durchbohrt hod!
Rudi:	An Holzpfeil? Durch d'Nosn? Geh läck mi doch am ...
Inge:	Rudi!
Rudi:	Stell dir des amol vor, wenn des bei uns aa aso waar! Wia do unser Burgermoasta ausschaun daad! *Zu Erich:* Der hod eh an so an drum Zinken! Do brauchertens an langa Pfeil!
Ursel:	Der Häuptling darf bis zu sieben Frauen heiraten! Ein normaler Mann nur drei!
Rudi:	A Dongo aa scho?
Ursel:	Ich denke ja, auch schon ein Dongo!
Erich:	Wahnsinn! Stellts eich vor, der hod drei Hiri! Des is doch da reinste Kindergarten! Oa Dongo, drei Hiri – und insgesamt ned amol 50 Johr alt!
Klaus:	Ja genau! So, und jetza kemma zu an ganz an scheena Foto! Des san de Früchte, de wos do wachsn! Wahnsinn, ha? Diese Farbenpracht!
Rosa:	Wia im Paradies! Wia de schee ausschaun! Rote, blaue, gelbe, grüne! I mog ja Südfrüchte wahnsinnig gern!
Rudi:	I aa! I bin direkt a Fan! I hob scho drei vo de Litschi do in dera kloan Schüssel gessn! De san fei guat! Gar ned so übertriebn siaß, direkt a weng pikant, so süß-sauer! Und aa ned so lätschert, de hamm no an Biss! Und kernlos!
Ursel:	Das sind marinierte Affenhoden!
Rudi:	Ah Klaus, wo isen bei eich's Klo?
Klaus:	Do auße und dann glei beim ausgstopftn Tukan links!

Rudi verlässt hastig und bleich den Raum.

Ursel:	Mag jemand von euch einen Affenhoden?
Rosa:	Naa, danke! Mir liegt der Sauhuf no im Mogn! Und direkt Hunger hob i eigentlich ned!

Inge:	Des an doch koane Affenhoden, oder? De schaun haargenau aus wia Litschi!
Klaus:	*Lacht.* Also Ursel, du bist mir vielleicht oane! Leit, des san natürlich Litschi! D'Ursel wollt den Rudi bloß a weng schrecka!
Inge:	Ganz guat, Ursel! Do hod's amol den Richtigen dawischt! Weil der alles frisst, wos er segt! Wissts wos: Wenn er wieder kimmt vom Klo, dann essma mir de restlichen Litschi und songma eam nix!
Klaus:	Also Inge, er is immerhin dei Mo!
Inge:	Des is ja des!

Rudi kommt zurück.

Rudi:	Du Inge – mir fallt grad ei, i muass heit no wos für d'Arbeit macha, für morgn wos vorbereitn! Mir miassertmas dann bald packa!
Inge:	Du? Vorbereitn? Für d'Arbeit? Du bist Schaffner bei da Bahn!
Rudi:	I möcht de Fahrpläne a weng durchschaun! Ob alles passt!
Inge:	Spinnst du? Du fohrst scho 20 Johr auf derselben Streck! Wos soll denn do ned passen? Und außerdem hamma doch Hunger! I probier jetza de Affendinger aa amol! *Nimmt sich, ebenso wie Erich und Rosa eine Litschi.* Mmhh …, san de guat!
Erich:	Wirklich! Ganz fein!
Rosa:	Ursel, habts do no mehr?
Ursel:	Jaja, wir hamm ein ganzes Kilo mitbracht! Ich bring euch noch welche!
Rudi:	*Völlig verstört:* Also mir nimmer!
Klaus:	Magst liawa no an Sauhuf?
Rudi:	Naa, danke! I bin so voll!
Ursel:	Von dem kleinen Snack? Aber du sagtest doch, du hast seit Mittag nichts mehr gegessen!
Rudi:	I bin allgemein koa starker Esser!

Inge:	Dass i ned lach! Am Volksfest host als Vorspeis an Schweinshaxn gessn! Mit Pommfritt!
Rudi:	Des war a Ausrutscher!
Klaus:	A weng bleibts scho no do! Jetza kimmt a interessants Foto! Des is a Vogelspinne! De grilln de und dann essens de! Des wirkt angeblich positiv aafs Hirn!
Rudi:	Also, i sogs glei, Ursel: Mir brauchst koane bringa! I hob Hirn gnua!
Ursel:	Wir haben ja gar keine da!
Rudi:	Trotzdem, mir ned! I hob, wos Spinnen betrifft, sowieso a Phobie!
Klaus:	Also koa grillte Vogelspinn hamma ned. Owa mir hamm a lebendige mitbracht, allerdings is uns de auskemma! Seid gestern findma mir des Sauviech nimmer! Mei, de verstecktse gern in finstere Ecken! So unter da Couch und so! Wia willst de findn?
Rudi:	*Bleich auf den Boden schauend:* Also Inge, mir miassma jetza geh! Klaus, der Vortrag ist echt interessant, owa i glaub, i kriag a Grippe, eventuell aa Durchfall, also irgendwos is im Anmarsch, i kenn des! Mir is jedenfalls ned direkt guat!
Ursel:	Ja, sind vielleicht meine Snacks schuld?
Rudi:	Naa naa, de warn super!
Ursel:	Magst noch was?
Rudi:	Naa danke! Kimm, Inge, packmas! *Steht auf und blickt dabei stets ängstlich auf den Boden.*
Klaus:	D'Ursel hätt no einiges vorbereitet. I sog bloß „Schlangen"!
Rudi:	Klaus, i bin dermaßen bappvoll, ehrlich!
Inge:	Ja guat, dann gehma halt! Geh derweil voraus, i muass no schnell zum Bieseln!
Rudi:	Ja guat, i wart im Auto! Pfüat eich! Und an Guadn weiterhin! *Geht hastig.*
Ursel:	Und, Inge? Hats gepasst?
Inge:	Suuuper! Habts ihr des gseng, wia der kaasig war?

Klaus:	Mir hoda direkt a weng leid do!
Inge:	Naa, in dem Fall ned! Der is selber schuld! Wia konnma als Mo bloß den 20. Hochzeitstag vergessn! I hobma denkt, wia der heit in da Friah in d'Arbeit is und kein Wort gsagt hod, des derf doch ned wahr sei! So an Dog vergessn! Des is doch unmöglich! I hob de ganze Zeit überlegt, wia eam des hoamzahln konn – und siehe da, jetza habts ihr des für mi erledigt! Besten Dank!
Klaus:	Gern geschehen!

Eigentlich wollte ich mir einen gemütlichen Fernsehnachmittag machen und schauen, was die vielen Sender, die ich seit dem Erwerb meiner „Schüssel" mein eigen nenne, zu bieten haben. Alles Wesentliche lag bereit: Chips, Flips, Erdnüsse, Pralinen und die Fernbedienung. Aber auf meiner Fahrt durch die Programme merkte ich immer mehr: Es wird eine

Reise in das Reich der Blöden

I sitzme hi und i schalt ei,
dann fang i o mit da Zapperei.
Als ersts erblick i voller Freid,
a Talkshow mit verschiedene Leit.
Des Thema, des betrifft an jeden,
es hoaßt „Mein Haustier kommt aus Schweden!"
Die Gäste wirken sehr erlesen,
a jeder kriagt 20 Euro Spesen.
Links außen sitzt da Maik aus Suhl,
a glernter Stripper, inzwischen schwul;
er schimpft und übt massiv Kritik
an da deitschen Politik,
er hod koa Ahnung, vo wos er red,
owa des schad beiana Talkshow ned!
Danebn sitzt a attraktiver Mo:
Da Dragan is vom Kosovo!
Knapp zwoa Meter is er grouß,
braungebrannt und arbeitslous,
wosna owa kaum berührt,
weilnan a Witwe finanziert,
er gibt ihr sexuell viel mehr
wia ihr zu früh Verblichener.
Da gepiercte Steve is aa dabei,
er is ned sicher, is er Mo oder Wei,
drum woaß er aa bis heit ned gwies,
ob er hetero oder lesbisch is.

Aaf jeden Fall, so hörtman sogn,
fühlt er sich zu Weiberleit hizogn,
owa wer woaß scho im Endeffekt,
wos im Ernstfall alles in eam steckt!
Der Ex-Porno-Star Jeanette
komplettiert des Gruselkabinett.
Sie schreibt grod ihra Lebensbeichte:
„Warum ich keinen Höhepunkt erreichte".
Über Haustiere konns zwar nixe sogn
owa sunst konnmas alles frogn.
I denkma grod, es waar ganz nett
a Porno-Filmausschnitt vo da Jeanette,
do schaut mei Frau her, des is dumm
und i schalt um.

Der nächste Sender präsentiert:
„Wie man im Showbusiness was wird!"
Als ersts, wird vom Moderator gsagt,
brauchtma zu Promis an Kontakt,
drum is bei da Show der erste Preis
a Job, do trifftma d'Promis haffaweis!
Tausend Deandln hamm sich dafür beworbn,
in München sans gecastet wordn
und folgende drei san überbliebn:
Die Heidi, die Liz und die schwarz Schaklin.
D'Heidi is recht schüchtern, d'Liz is eher forsch
und d'Schaklin hod a Tattoo am Orsch.
Oans hamms gemeinsam – sie möchten gern
am Oktoberfest a Klofrau wern.
A Scheißjob is des und schlecht bezahlt, hamms ghört,
owa Promis bei da Notdurft segn, des is de Mühe wert!

Aaf MTV seg i zwoa rappen,
ausschaun daans wia glatte Deppen –
d'Finger gspreizt und d'Haubn falsch aaf,
d'Hosn z'grouß, am Hirn steht „Love",

ständig schreiens „check it out!",
schee is ned, owa furchtbar laut.
Des kimmt mir ziemlich seltsam vor,
drum schalt i um aaf RTL zwoa.
I holma an Leberkaas und setz mi hi,
do mochans grod a Autopsie –
man segt Maden aus da Nosn laffa,
mir koppt mei Brotzeit sofort affa
und während da Doktor an Fuaß abtrennt
moch i dera Sach a End.

Umgschalt howe aaf Pro 7,
Weil sunst hätt i'n Leberkaas gspiem!
A Doku-Soap fangt jetzt grod o,
in dera, do gehts um an Mo,
der hod koa Hirn und hod koa Haus,
drum wandert er aaf Thailand aus.
Und weil er weder wos woaß noch konn
eröffnet er durt an Hundesalon,
owa da er d'Sprach ned kennt
is er nach drei Dog insolvent.
Weil Thailand koa Sozialhilfe zohlt,
hod d'Mama eam nach Deitschland gholt,
do wohnt und lebt er jetza bei ihr
und is erfolgreich mit Hartz 4.
Im Interview sagt er verzückt,
des is der Job, der wos eam liegt!
I frog mi: „Ja spinnen denn de alle?"
do kimmt „Wir helfen aus der Schuldenfalle!"
Um Franz und Inge gehts, a Ehepaar,
des betreibt a kloane Sushi-Bar
in an Dorf in Mittelhessen,
doch de Bar, de konnst vergessen!
Weil in an ländlichen Gebiet
istma Schnitzel mit Pommfritt,
notfalls no a Früchteeis
owa koan roha Fisch mit Reis;

drum hamm d'Inge und ihra Franz
a ganz a schlechte Gschäftsbilanz:
Pro Monat nehmens an Tausender ei,
owa Ausgaben hamms knappe drei.
Rein rechnerisch hoaßt des für de Leit:
Da Konkurs is nimmer weit!
Do muaß da Schuldenprofi her,
alles andere hilft nix mehr.
Der kimmt und nimmt an Stift zur Hand,
analysiert den Kassenstand,
dann teilt er de zwoa Wirtsleit mit:
„Die Lösung wär ein Doppel-Suizid!"
D'Kinder kanntn dann beim Nachlass sogn,
dass sie des Erbe komplett ausschlogn
und somit waar dann oans, zwoa, drei
die Restfamilie schuldenfrei!
Ja sog amol, regiert uns die Demenz?
I wechsel sofort die Frequenz!

Aaf VOX kimmt bloß a Kinder-Kochduell,
drum gehts weida zu RTL.
I seg a Goaß, a Kuah, a Sau –
ach du Schande: Da Bauer suacht a Frau!
Do kimmt Urban, der Frauenlose,
stolz präsentiert er sei Kolchose,
er hod drei Zentner und Sommersprossen
und is dodal in d'Kim verschossen,
die Kandidatin aus der Stod,
de wos scho lang die Hoffnung hod,
dass sie an zärtlichen Landmann find,
der tierlieb is und ohne Kind.
Des waar für d'Kim ganz wunderbar,
doch da Urban is ihr z'schwaar!
„Und außerdem" sagts frei heraus,
„lebt seine Mutter noch im Haus!
Zwei Frauen und ein Mann ist schlecht",
sagt die Kim und do hods recht.

Ganz traurig steht da Urban durt
und d'Kim fohrt mit'm Taxi furt.
Sie winkt no kurz, dann duats davo
und denktse: „Liawa gar koan Mo!
De Schwiegermuada machad mi verruckt
und außerdem – der hätt mi beim Sex dadruckt!"

I hob aa z'viel Kilo – leider,
drum schalt i übergwichtig weida.
Wos is des? Es is a Show,
Do umarmt da Voda grod sein Bou.
Vor sechs Johrn is da Jens verschwunden,
jetza hodan endlich wieder gfundn.
Nach langen Recherchen und dank TV,
hammsna entdeckt in an Plattenbau.
Da Voda waar vor Frust bald gstorbn,
derweil war Jens beinah dahoam!
A eigene Zweiraumwohnung hoda,
bloß drei Etagen überm Voda!
Do segtmas, wias im Leben oft geht –
de verdammte Anonymität!

Weil mi des ned interessiert,
howes wieder bei VOX probiert.
Durt kochen jetza nimmer Kina,
inzwischen lafft a Promi-Dinner.
Do kochen vier prominente Noan,
allerdings kenn i ned oan.
Owa so is mit an Y-Prominentn:
Er kimmt im Fernseh und koaner kenntn!
Is a Promi unbekannt
find i des wenig interessant,
i schau nomol bei RTL vorbei,
vielleicht hod da Bauer scho a Wei.
Und tatsächlich, i seg grod no –
den Heinrich aaf an Ballen Stroh,

händchenhaltend mit da Tine,
sie stammt aus da Ukraine,
und weils ihr aso in Deitschland gfallt
hod sie sich spontan in Hein verknallt!
„Und wie es weitergeht in diesem Fall,
das sehen Sie beim nächsten Mal!"
sagt a Stimm, dann is vorbei
de Landwirtschaftsverarscherei!

Jetza kimmt a Frau, de kenn i,
a Schwarm vo mir: Die Supernanny!
Ob Kinder faul san, spinnen, plärrn,
de Frau konn einfach alls erklärn!
Heit gehts zum Beispiel drüber und drunter
mit dem achtjährigen Hans-Gunter.
Der beleidigt sei Mama im Minutentakt,
hod scho drei Goldfische zerhackt,
als Krönung hod er ungeniert
a Katz in d'Mikrowelle einegspirrt!
Do muass die Supernanny her,
sunst gibts für den koa Rettung mehr!
Auf Befragen teilt er ihr mit:
Er hod ein Liebesdefizit!
Darum is er mental verroht
und mocht an jeden Goldfisch tot!
„Mensch" denk i mir, „du dumme Mutter!
Hob eam doch lieb, dann is alls in Butter!"
Des is mei Meinung und siehe da:
De Supernanny sagt des aa!
Eine Umarmung vo da Mama
beendet gottseidank des Drama,
da Hans-Gunter spürt: Er wird geliebt!
Weshalb er sich glei versöhnlich gibt:
Ab heit, verspricht er, is er brav
und hört sogar des Raucha aaf.
Die Liebe seiner Mama is alles, wos zählt
und außerdem möcht er mehr Taschengeld!

„Do schau her," denk i mir, „des is nett,
scho wieder a Kind vorm Verderben grett!"

Männer – so sagt ein Vorurteil,
san bloß aaf Sport und Weiber geil.
Des Vorurteil, des stimmt aaf's Wort,
drum schalt i um aaf Euro-Sport.
Do kimmt als Highlight – ohne Krampf –
a Fliegengewichtsboxkampf,
da Igor Tschjodr boxt gegen Wan Li
bei da Olympiade in wos woaß i.
Naa Leit, sowos schau i ned,
do fehlt mir einfach d'Aktualität!

Eigentlich wollt i weidaschaltn,
do hör i d'Stimm' vo meiner Alten,
äh, Entschuldigung, vo meiner Frau;
sie sagt zu mir: „Du Toni schau,
wos heit Mittag bei uns gibt,
es is gsund und sehr beliebt:
Fettarmer Pfannkuacha aus Bio-Eier
mit Sellerie-Gelee vom Feinkost-Meier!
Jetza schalt den Fernseh aus und geh
in d'Speis und hol mir des Gelee!
Des Fernsehschaun is eh ned gsund,
du brauchst Bewegung, sunst wirst mir z'rund!"
Im Prinzip hods natürlich recht
und des Programm is eh so schlecht,
bloß Mist und Schmarrn und Hirn koa bissl,
i brauch koa Satellitenschüssel!

Und wia i in d'Speis eine renn,
denkama: „A Schlachtschüssel waar fast gscheida gwen!"

Früher hat man bei Weihnachtsfeiern von Firmen Adventsgedichte vorgetragen und/oder Lieder vom leise rieselnden Schnee bzw. vom mutierten, da blättertragenden Tannenbaum gesungen. Teilweise kam sogar der Chef oder der Hausmeister als Nikolaus und lobte die Mitarbeiter für ihren Fleiß im abgelaufenen Jahr. Es gab Plätzchen, selbstgebackenen Stollen und Punsch. Heutzutage ist vieles moderner geworden – ein kalt/warmes mediterranes Buffett und eine einigermaßen erlesene Weinkarte sollte es schon sein. Ob es damit besser geworden ist?
Ich will das nicht beurteilen, ich will einfach nur zurückschauen auf das zu Ende gehende Firmenjahr – und zwar zeitgemäß!

Abschlussbilanz

Sehr verehrte Kolleginnen und Kollegen,
hochverehrte Vorgesetzte, zu lobpreisender Chef!

Wenn man bei einer Weihnachtsfeier sitzt, dann sitzt man nicht nur, man schaut auch! Man schaut zurück auf das zu Ende gehende Jahr und fragt sich: Was war schön, was weniger? Was wurde besser, was wurde schlimmer? Wie waren die Kollegen, wie war ich, wie war das Wetter und warum war es so schlecht? Fragen über Fragen!

Ich zum Beispiel frage mich, in einfachen Worten ausgedrückt: Habe ich noch genügend mentale Fitness, um eine Face-to-Face-Kommunikation adequat zu absolvieren?
Weil wenn nicht, dann zweifelt man bestimmt beim nächsten Briefing an meiner Managementkompetenz und das erzeugt negative Vibrations! Und dann? Dann verliere ich eventuell meine Work-Life-Balance, denn meine Frustrationstoleranz ist umgekehrt reziprok zu meiner Nahrungsaufnahmetoleranz. Leider!
Obwohl, was grüble ich nach über fehlende Akzeptanz bei der interpersonalen Kommunikation oder über meine exorbitanten Informationsdefizite bei Softskill-Themen? Es gibt Schlimmeres!
Gottseidank besitze ich noch genügend Randgruppensensibilität,

um das kognitiv zu erkennen! Gefährdungspotentiale und Bedrohungssignale sind zwar latent vorhanden, aber solange mir die interaktionsfolgerelevante Funktionalität sensitiv erhalten bleibt, müsste eine strategisch sinnvolle und effektiv erfolgreiche Kommunikation, auch mit Global Playern, möglich sein.

Erst kürzlich, beim Stress- und Selbstfindungsmanagement, habe ich es mir wieder mal latent gedacht:
Der verbale Wissenstransfer ist im Prinzip kein innovatives Konzept mehr!
Ich gehe einfach online nach Wikipedia und optimiere dort mein persönliches Wissensmanagement! Und falls mich das intellektuell zu sehr moved, dann gehe ich zur Erholung noch ein wenig googeln.
Das wirkt sicher sedidativ auf meine psychosoziale Überreizung durch sukkzessiv auftretende kontraproduktive Workshop-Konzepte!
Und sollte ich einmal doch außer Controlling geraten – dann öffne ich mein Windows, rauche eine Excel light für Aufsteiger und träume von einem neuen Password!
Dann sieht der Outlook für das nächste Jahr gar nicht so schlecht aus!
Apropos schlecht – ich wollte ja eigentlich überlegen, was gut war und was schlecht war im abgelaufenen Jahr.
Gut war, dass wir alle wieder unser Bestes gegeben haben, schlecht war, was aus unserer schönen deutsche Sprache geworden ist. Sie haben es gerade selber gehört!
Drücken wir die Daumen, dass es nicht noch schlimmer wird!
Denn das – und das sage ich aus voller Überzeugung – das wäre der worst case!

Es gibt Leute, die sollte es eigentlich nicht geben, aber es gibt sie. Sie sind zwar nicht die Mehrheit, aber trotzdem sind es mehrere. Sie meinen, die Welt müsse genau so sein, wie sie sie sich wünschen. Aber die Welt ist (gottseidank) nicht so. Und deshalb fragen sie sich und leider auch andere:

Derf des sei?

Polizist: Polizeistation, Sie sprechen mit Hauptwachtmeister Wiener!
Frau: Wia hoaßn Sie? I hob jetza „Wiener" verstanden! Wia's Würschtl!
Polizist: *Leicht genervt:* Genau so hoaß i, wia's Würschtl!
Frau: Ja gibts des aa! Manche Leit hamm scho a schwaars Schicksal! Herr Wiener, es geht um Folgendes: De Leit, de wos unter uns wohna, des san Türken. Also, ned, dass Sie mi jetza falsch versteha, i hob nix gega Türken, i bin so tolerant und iß sogar ab und zu an Kebap, ohne Knoblauch natürlich, owa immerhin! Aber diese Leute! I erzähl Eahna amol wos: …
Polizist: Sie, Moment amol! Sie hamm über den Notruf bei uns ogruafa!
Frau: Scho!
Polizist: Die Nummer is nur für absolute Notfälle!
Frau: Ja eben! Wenn des koa Notfall is, dann woaß i nimmer!
Polizist: Also do bin i gspannt! Um wos gehts denn?
Frau: Ums Grillen!
Polizist: Ums Grillen?
Frau: Ums Grillen! Wissens scho: Fleisch, Wammerl, Bratwürscht – Grillen halt!
Polizist: Ja, i woaß scho, wos Grillen is! Und deszweng ruafa Sie jetza über Notruf bei der Polizei o?
Frau: Ja genau!
Polizist: Sie, sogns amol: Wissen Sie, wie spät dass es jetza is?

Frau: Äh ... Moment, i schau schnell in d'Küch aaf d'Uhr! Zehn Minuten nach Mitternacht! Owa de geht a weng vire, i daad sogn, so acht Minuten nach Mitternacht! Is ebba bei Eahna d'Uhr hi?

Polizist: Naa, de is ned hi! I wollt damit bloß sogn, dass des doch koa Notfall ned sei konn, wenns ums Grillen geht! In da Nacht um acht nach zwölfe! Grillen Eahnane Nachbarn zur Zeit oder wos?

Frau: De grillen doch jetza ned! De schlaffa doch wia jeder normale Mensch!

Polizist: Und warum schlaffa Sie ned? San Sie ned normal?

Frau: Und Sie? Sie schlaffa aa ned! San Sie aa ned normal?

Polizist: Selbstverständlich bin i ned normal, i bin Polizeibeamter!

Frau: Und i schlaf ned, weil i telefonier! Wenn i telefonier, dann konn i ned schlaffa, des is doch wohl logisch!

Polizist: Sogns amol: Hamm Sie an Vogel?

Frau: *Verdutzt:* Ja! Woher wissen Sie denn des? Munzl hoaßta, a Kanari is, a grünlicher, owa mehr ins Gelbe! Da Munzl schlafft aa scho!

Polizist: Jetza sog Eahna wos: Sie derfa unter der Notrufnummer bloß oruafa, wenn a akuter Notfall vorliegt! Ansonsten is des a Missbrauch von Notrufeinrichtungen!

Frau: Es is ja a Notfall! I kriag koa Luft nimmer!

Polizist: Sie kriagn koa Luft nimmer?

Frau: Genau! I kriag koa Luft nimmer! Weil des aso stinkt!

Polizist: Wos?

Frau: Wenn de grillen am Balkon! De wenn grillen, de Türken, des is unvorstellbar! De haun do Knoblauch dro, des is apokalyptisch! Und de grillen ja vo Haus aus Hammel, do is scho a gwisser Grundgstank do! Man sagt ja so umgangssprachlich „Du stinkst wia a Hammel!" oder einfach bloß „Du Hammel du!" Und der Rauch ziagt zu uns affa und i kriag koa Luft mehr! Vo de Unterhosen vo mein Alfred will i gar nix sogn!

Polizist: Vo de Unterhosen?

Frau: I häng de Unterhosen vo mein Mo immer am Balkon außE zum trocknen! Mir hamm do an so an zusammenklappbaren Wäscheständer, der is recht praktisch! Owa der Rauch! Der saugt sich in de Unterhosen förmlich eine! Mei Mo, der schmeckt, wia wenn er aaf an Hammel grittn waar! Und des in da frischgwaschna Unterhosn! I sog Eahna oans: Der stinkt in da gebrauchten ned aso, bei Weitem ned! Und des will wos hoaßn! I war letzdings so weit, dass i gsagt hob: „Alfred, liawa gar koa Unterhosen wia so oane!" So weit war i! Und Sie wissens bestimmt aus eigener Erfahrung: A Mo ohne Unterhosn is koa schöner Anblick! Owa wenn d'Alternative der Hammeldampf is, dann nimm i den Anblick in Kauf!

Polizist: Wega sowos kinnan Sie doch ned jetza mitten in da Nacht über Notruf bei uns oruafa! I glaub, i spinn! Des is doch der Wahnsinn!

Frau: Und ob des der Wahnsinn is! I hob scho oft owegschrian zu denen: „Du sein wahnsinnig? Hammel stinken wie Sau! Ich nicht halten aus mehr!" Wissens, de kinnan ned gscheit deitsch, drum red i türkisch mit denen! Owa de juckt des ned! De stinken einfach weida! Jetza frog i Sie: Derf des sei?

Polizist: Dass de des ned juckt?

Frau: Naa, dass des aso stinkt!

Polizist: Ja freilich derf des sei! Jeder konn doch sei Grillgut so würzen, wias eam schmeckt! Des is doch ned verboten! Mir san doch a Demokratie!

Frau: Ja, Moooment! I hob mi do erkundigt! Es gibt a Immissionsschutzgesetz! Stimmts oder howe recht?

Polizist: Ja freilich gibts a Immissionsschutzgesetz! Owa wos soll des jetza in dem Zusammenhang? Wos hod des mit Eahnane unteren Nachbarn zum dua?

Frau: Weil im Immissionsschutzgesetz drinsteht, dassma ned übermäßig stinka derf! Also sinngemäß.

Polizist: Des gilt doch nur für Schornsteine, für Industrieanlagen oder für Kraftfahrzeuge, aber doch ned für Hammel mit

	Knoblauch! I glaub, i bin im falschen Film! Immissionsschutzgesetz!
Frau:	Dann derf des sei?
Polizist:	Selbstverständlich derf des sei!
Frau:	Owa d'Struller Fanny hod gsagt, i brauch des ned dulden!
Polizist:	D'Struller Fanny hod des gsagt?
Frau:	Genau! Und de woaß des vo ihrem zukünftigen Schwiegersohn und der is a Rechtsanwalt!
Polizist:	A Rechtsanwalt is der?
Frau:	Also fast. Also er will Jura studiern, wenn er's Abitur schafft.
Polizist:	*Ironisch:* Ja, wenn der des sagt!
Frau:	Ja eben! Gell, des sogn Sie aa, dass i des ned dulden muass!
Polizist:	Ob Sie wos dulden miassn oder ned, des interessiert die Polizei nicht! Wenn Eahna Eahna Nachbar ned passt, dann genga's zu an Rechtsanwalt! Die Polizei is nur zuständig, wenn es um ein Vergehen geht!
Frau:	Aha, also doch! Do kannt einem nämlich alles vergehen, wenns aso stinkt! Also san Sie doch zuständig!
Polizist:	Ja sogns amol, verstehen Sie mi ned? Des geht uns nix o, wenn Eahna Nachbar grillt! Der konn grillen, bis er schwarz wird!
Frau:	Der is eh ziemlich dunkel! Der schaut fast aus, wia wenn er beruflich mit Kohlen zum dua hätt!
Polizist:	Des is mir wurscht! Grillen is doch koa Verbrechen! Und wenn's no aso stinkt!
Frau:	Aha! Und des mit da Musik? Derf des sei? Des derf bestimmt ned sei!
Polizist:	Wos für a Musik?
Frau:	De türkische Dudlerei! Sie, mir hamm vorigs Mal Fernseh gschaut, da Alfred und i. Sie, mir hamm den Patrick Lindner nimmer verstandn, so laut war de Dudlerei do untn am Balkon! Der Patrick Lindner war für uns in dem Moment a Stummfilm, ehrlich! Muass i des dul-

	den? Am Fernseh lafft a wunderbare Volksmusik und irgend a Achmed blast ständig in sei Ding eine! Des muass i doch ned dulden, des derf doch ned sei!
Polizist:	War des mit der lauten Musik nach 22 Uhr?
Frau:	Achwoher! Des war umara halbe neine!
Polizist:	20 Uhr 30?
Frau:	Ja freilich 20 Uhr 30! Glauben Sie, mir schauma in da Friah um halbe neine Fernseh? Do kimmt ja bloß a Schmarrn!
Polizist:	Auf jeden Fall derf um 20 Uhr 30 jeder Mensch de Musik hörn, de wos eam gfallt!
Frau:	Owa mir gfallt de Dudlerei ned!
Polizist:	Owa den Nachbarn gfallts! Da Patrick Lindner gfallt aa ned an jeden!
Frau:	Wos wolln Sie damit sogn?
Polizist:	Gar nix! I moan bloß – de Geschmäcker san verschieden!
Frau:	Gottseidank! Gottseidank! Des waar ja no schöner, wenn jeder den Krampf ohörn daad! „Suleyman, oh Suleyman, fahr mit mir nach Kurdistan!" I konns nimmer hörn! Des is doch mir scheißegal, wo de mit dem Suleyman hifohrt!
Polizist:	Dann machas halt einfach d'Balkontür zua, dann hörns nix mehr! Und den Knoblauch schmeckens aa nimmer! Und schon is ihr Problem gelöst!
Frau:	Sie san guat! Dann seg i ja nix mehr!
Polizist:	Wieso segn Sie dann nix mehr? Is Eahna Balkontürglas so dreckig?
Frau:	Sie, dans Eahna fei mäßigen! I putz meine Fenster jeden Dienstag und Freitag, gell! Des möcht i wissen, ob Eahna Frau aa jeden Dienstag und Freitag putzt! Wahrscheinlich nicht!
Polizist:	I bin ned verheiratet!
Frau:	Naja, des wird seine Gründe hobn! Früher waar a Warmer koa Beamter ned wordn! Owa mir is des wurscht! Jeder wia er mog, Hauptsach, sie lassen mir mei Ruah!

Polizist: Jetza hörns owa auf! I hob a Lebensgefährtin, koa Frau! Reißens Eahna bloß zamm!

Frau: Naja, de werd aa wissen, warum sie Sie immer no ned gheirat hod!

Polizist: Und überhaupt geht Sie mei Privatleben an feuchten Dreck o!

Frau: Und Sie geht nix o, wie oft dass i putz! Aaf jeden Fall miassn Sie in der Sache wos unternehma!

Polizist: In welcher „Sache"?

Frau: Stinken in Tateinheit mit Dudlerei!

Polizist: Jetza sages Eahna zum letzten Mal: Wir könnma nix unternehmen! Diese Menschen verstoßen gegen kein Gesetz! Kapiern Sie des?

Frau: Ja, glauben Sie, i bin bläd? Natürlich kapier i des! Owa des is mir wurscht! I bin ein steuerzahlender Bürger, also mei Alfred is oaner! Und Sie leben vo unsere Steiern! Und drum konn i erwarten, dass Sie mir do helfa! Es hoaßt doch allaweil: Die Polizei, dein Freund und Helfer!

Polizist: Ja scho, wir helfma aa gern! Owa in andere Fälle! Wenn Sie zum Beispiel in der Nacht a Autopanne hamm, dann helfma gern!

Frau: Des daad Eahna aso passn, wenn i in da Nacht a Autopanne hätt! Des kinnans Eahna abschminka! I hob nämlich gar koan Führerschein! Ha, wos sogns jetza? Jetza sogns nix mehr, gell!

Polizist: Des war doch bloß a Beispiel mit der Autopanne! Wenn Sie koan Führerschein hamm, dann brauchens halt unser Hilfe ned! Is aa recht!

Frau: Owa i brauch Eahna Hilfe scho! Wega dem Grillen! Weil des ned sei derf, dass des aso stinkt! Und de Musik! „Mein Ali macht den Quali!" I konn nimmer! Und außerdem hob i in meiner Zeitschrift „Mein Lieblingsgerücht" glesn, dass do a Gerücht, äh, a Gericht a Urteil gfällt hod und des is rechtskräftig! I kenn mi aus! Daans mi ned für bläd verkaffa!

Polizist: A Urteil? Wos hod nacha des Urteil zum Thema Grillen gsagt?
Frau: Zum Grillen hods nix gsagt! Owa dassma ned alles dulden muass! Do hod a fettleibiger Mo seine durchsichtigen String-Tangas seiner Nachbarin direkt vor ihra Terrassn highängt! Und de war ledig, unschuldig praktisch, rein geschlechtlich gseng! Und im Urteil hoaßts dann, dass de des ned dulden muass! Weil des is quasi scho a weng sexuell oder wiama do sagt! Er hod dann draaf plädiert, dass er ja seine weitscheiberten Strings irgendwo aafhänga muass, owa da Richter hod gsagt, des geht hinterm Haus grod aso! Weil für eine Frau is des psychisch problematisch, wenn sie nach Feierabend aaf da Terrassn sitzt und muass solcherne Unterhosen oschaun!
Polizist: Sie sogns amol, wos erzähln Sie mir do für an Schmarrn? Des hod doch überhaupt nix mit Grillen zum dua! Owa scho überhaupt nix!
Frau: Sie wolln mi ned versteh, gell? Des is doch im Prinzip des Gleiche! Dem wamperten Saubärn seine durchsichtigen Unterhosen san rein rechtlich nix anders als da Knoblauchrauch vom Grillhammel: Eine öffentliche Belästigung! Und des is doch des!
Polizist: Wissens wos: I konn Eahna ned helfa, weil Sie san völlig uneinsichtig! Mit Leit wia Eahna konnma ned redn, weil Sie wolln nix versteh! Wenn Eahnane Nachbarn wieder grillen, dann machens Eahna Fenster zua, hockens Eahna mit dem Alfred auf d'Couch und schauns Fernseh!
Frau: Ja wos? Dann daadert i ja nachgebn! Do kriagtma a Mogngschwür, wennma allaweil nachgibt! Des is aaf RTL kemma!
Polizist: Aso a Krampf! Es konn genauso sei, dass da Nachbar a Mogngschwür kriagt!
Frau: Da Nachbar? Wieso der?
Polizist: Naja, es kannt ja sei, dass der des genießt, wenn Sie Eahna aafregn! So Leit gibts!

Frau: Ehrlich? Gibts so Leit?
Polizist: Und ob! Und wenn Sie des Fenster zuamacha und Sie regn Eahna nimmer aaf, dann ärgert des den eventuell! Und vor lauter Ärger kriagta dann a Mogngschwür!
Frau: Aha! Aso waar des dann! Dann kriagert der a Mogngschwür!
Polizist: Eventuell!
Frau: Des is mir des wert! I mach ab sofort mei Fenster zua und mei Balkontür, dann hodas!
Polizist: Genau! Aso machenses!
Frau: Und dann steht er aaf sein stinkerten Balkon mit sein Hammel und seiner Verwandtschaft und denktse: „Zenalln! De hod ihra Fenster zua! De schmeckt nix!" Und dann kriagt er a Mogngschwür!
Polizist: Genau! Aso schauts aus!
Frau: Segns, jetza hamms mir doch weitergholfa! Die Polizei – dein Freund und Helfer!
Polizist: Des gfreit mi! Und jetza legns bittschön auf und machen die Notrufleitung frei!
Frau: Ja, jetza konn i aaflegn, weil jetza is ja mei Notfall erledigt! Guat Nacht!
Polizist: Ja, guat Nacht! *Legt auf.* Aso ein Rindviech, so ein damisches! Solcherne Leit soll da Deifl holn!

Es läutet abermals das Notruftelefon.

Polizist: Ja fix, wos is denn heit los? *Hebt ab.* Hauptwachtmeister Wiener, hallo?
Frau: *Lacht kurz.* Also der Nam is scho ein Wahnsinn! Wiener! Owa Sie kinnan ja nix dafür!
Polizist: Sie scho wieder! I hob doch gsagt, Sie solln ned dauernd über Notruf da oruafa!
Frau: Jaja, Herr Wiener! I hob bloß no wos Wichtigs vergessen! Ganz kurz!
Polizist: Wos denn nacha?
Frau: Wann macht denn am Montag da Aldi aaf?

Polizist: Waaas??? Sogns amol, hamm Sie nimmer alle Tassen im Schrank?
Frau: Ja genau! Woher wissen Sie des? Mir san vo mein Kaffeeservice vier Tassen owegfalln, also besser gsagt, mein Alfred sans owegfalln beim Abtrocknen! Und am Montag san de beim Aldi im Angebot! Und do wennma ned glei zuaschlagt in da Friah, dann san de weg!
Polizist: *Völlig entnervt:* Sie, wenn Sie jetza ned sofort aaflegn, dann zeig i Sie an wegen Missbrauch einer Notrufeinrichtung! Also sowos! Des gibts doch ned! Ruaft über Notruf bei da Polizei o und fragt, wann da Aldi aafmacht! Wega ihrane gschissna Tassen! Des derf doch ned wahr sei!
Frau: Jetza sog Eahna wos: Sie san nervlich bedenklich beianander! Do hob i an Tipp für Sie: Baldrian is am Montag aa im Angebot!
Polizist: Wissens wos: Leckens mi kreizweis!
Frau: Derf des sei? Muass i des dulden?

Polizist legt auf.

In einem meiner früheren Bücher gab es einmal eine Geschichte, in der ein biederer bayerischer Familienvater namens Gmeindner mit relativ bruchstückhaften Englischkenntnissen einer 17-jährigen amerikanischen Austauschschülerin sein Haus und seinen Garten inklusive Doppelgarage erklärt. Ich wurde von vielen Lesern darauf angesprochen und gebeten, Gmeindner solle dem Mädchen doch bitte noch etwas erklären, jedoch unbedingt wieder in seinem goldigen Englisch. Also gut – dann befassen wir uns heute mal mit dem Themenbereich „Kultur und Brauchtum" und hören wir zu, wie Gmeindner etwas urbayerisches erklärt, nämlich den Schafkopf, in diesem speziellen Fall natürlich den

Sheep-Head

Heinz:	Oh hello, Susan! Where go you hin in this Sauweda?
Susan:	I go nirgends, Mister Gmeindner! I only wanted to go out in die Garten!
Heinz:	You say allaweil no „Mister Gmeindner" zu me. I have doch gsagt, you can Heinz say!
Susan:	Oh yes! Sorry Heinz! Ich habe vergessen this!
Heinz:	It makes nothing, it is not sou schlimm! Woaßt what? It looks aafs Renga! Bleib liawa inside!
Susan:	Du meinst, it will rain?
Heinz:	Yes, this moane!
Susan:	Oh, this is very schade! Ich wollte sou gerne gehen nach draußen! Regen is not good!
Heinz:	This konnma sou ned sogn! The ones say aso and the others say aso! For the Landwirtschaft it is good wenn it rengs! Everything is bloustrucka!
Susan:	What is everything??
Heinz:	Trucka! Äh …, wia hoaßt jetza des wieder aaf Englisch? Ah …, wenn it gives no wosser in the river, dann he is trucka!
Susan:	Ahh! Dry!!

Heinz:	Yes, genau! Dry! It is me ums Verrecka nimmer eigfolln! Dry! Freili!
Susan:	What? Fryly?
Heinz:	Oh, not so wichtig! I have a Vorschlag: Stay hier in the Wohnzimmer and I explain you a Bavarian Kartnspiel!
Susan:	A Bavarian Kartenspiel? Oh, how beautiful! What für ein Spiel? Is it sehr schwierig?
Heinz:	Noja, direkt easy is ned! Und vor allem, when you play it ins Geld, you must can it good, weil sunst you lose house und yard!
Susan:	House and yard?
Heinz:	Haus und Hof! Des sagtma aso bei uns, weil mir samma no mehr agrarstrukturiert!
Susan:	Oh!
Heinz:	Yes! The play is called „Schafkopf"!
Susan:	Schafkopf?? What is a Schafkopf?
Heinz:	Hmm, kenn you a Schaf? A sheep?
Susan:	Oh ja, natürlich ich kenne ein Schaf! *Lacht.* Määhh!
Heinz:	Yes, genau! Määhh! Cry sheep in Amerika auch „määhh"? Or say they ebbs anders?
Susan:	No no, they do „määhh"!
Heinz:	There schau her! Believen möchsdas ned!
Susan:	Your English is funny!
Heinz:	What?
Susan:	You speak funny!
Heinz:	I have a Tante and her name is Fanny!
Susan:	Oh, her name is funny! Und wie heißt sie? Wie ist ihr Name?
Heinz:	Fanny!
Susan:	Ja, schon. Aber ihr richtiger Name, wie ist der?
Heinz:	Leitner! Owa des is jetza wurscht! Now i learn you Schafkopf! Sheep-Head! This is the name of the play!
Susan:	Sheep-Head? Like the Kopf of eine Schaf?
Heinz:	Yes! It is komisch, but wahr! Sheep-Head! Strong, ha? Starker Nam'!

Susan:	And why Sheep-Head? It is a komischer Name for ein Spiel with Karten!
Heinz:	Mei, des woaß i aa ned, warum dass des Schafkopf hoaßt! It comes from ganz früher! The Ursprung is in the Steinzeit or so!
Susan:	In the Steinzeit? What is a Steinzeit?
Heinz:	Ah ..., long ago! Ganz long! Before the Indianer and Cowboys! Stone-Time!
Susan:	Ah! Du meinst, das Spiel is very alt!
Heinz:	Yes, genau! So, now it gehts los! I erklär you the Grundregeln! Also: You have 32 Karten!
Susan:	Aha! 32 Cards!
Heinz:	Yes, 32! Obwohl – some play it with 24 Cards! Then it is a Kurzer!
Susan:	A what?
Heinz:	A Kurzer! A short Sheep-Head! But forget it glei wieder! We play a long! He is interessanter! In a short Sheep-Head there goes no Sau! Every Sau is beaten! Zammghaut wirds praktisch! De haun dir jede Sau zamm!
Susan:	What???
Heinz:	Vergiss! Des kimmt later! Mirkda einfach: To play with 32 Cards is the best Sheep-Head! Long always is better than short!
Susan:	*Lacht verschämt.* Oh my god, Heinz! Was sagst du da zu mir?
Heinz:	Naa, ohne Schmarrn! A Langer is interessanter wia a Kurzer! Also, jetza pass up: You have 32 Cards and vier Players! One is the Giver, another hebs o! The other two do nothing. Then becomes jeder Player acht Cards, but not aaf oamol. First vier, then nomol vier ...
Susan:	Moment! Ich habe nicht verstanden das! Ein Spieler gibt die Cards?
Heinz:	Yes, the Giver gives!
Susan:	Und what does the other? Hepso or what?

Heinz:	No, not Hepso! Ohebn! „Abheben" we say in High-German! Hmm, wia soll i dir des erklärn? Des is schwierig zum sogn! Moment! I come glei! *Geht schnell zum Schrank, holt ein Päckchen Spielkarten und hebt dann ab.* This is Ohebn!
Susan:	Oh! Ich verstehe! He makes two parts out of one!
Heinz:	Good! Bisher was it simple, now it wirds a little schwierig! It is aso: When you become the first vier Cards und they are good, you can knock!
Susan:	Knock?? Klopfen?
Heinz:	*Erfreut:* Yes, genau! Klopfen! You denkst mit! You can it scho a little!
Susan:	Klopfen an das Tür oder wie?
Heinz:	Ned an das Tür! On the table! You can leg a money hi and this means, you klopfst!
Susan:	A money on the table?
Heinz:	Ja, a Zehnerl oder a Zwanzgerl, is ja wurscht! A piece of money! Not a Papermoney, a Münze!
Susan:	Oh yes! Münze! A coin! Ein Geldstück! Ich lege ein Geldstück auf die Tisch und das bedeutet, ich klopfe!
Heinz:	Ja super! You learn schnell! And the Sinn of Klopfen is: The play costs zwoamol so much! Double, doppelt! Drum you can aa say „doppeln" anstatt „klopfa"! It is the same in green!
Susan:	Und when noch ein Player klopft, ist es dann viermal sou viel?
Heinz:	*Restlos begeistert:* Genau, viermal! Hä, du bist ja a Naturtalent! Du blickst wahnsinnig schnell durch! Saustark, ehrlich!
Susan:	Oh, thank you, Heinz!
Heinz:	Nothing to thank, gern happened! Owa now it goes ans Eingemakte! I say you now what is a good card and what not! Pass up!
Susan:	Oh yes! What is a good card? Wenn ich habe ein good card, ich kann klopfen, oder?

Heinz: Genau! You have a good feeling for Sheep-Head! Am wichtigsten is the following: The best cards are the Overs and the Unders! We call it Ober und Unter!

Susan: Ober and Unter? Habe ich noch nie gehört! Ich kenne Kings and Queens from Poker!

Heinz: Ach, vergiss Poker! Des is doch a reins Glücksspiel! But beim Sheep-Head, do brauchst a Hirn! Sheep-Head is a Intelligenzspiel! For Sheep-Head you need a brain – Poker can every Depp!

Susan: Really?

Heinz: Really! Look, this zum Beispiel is a Ober! *Zeigt ihr den Eichel-Ober.*

Susan: Oh, beautiful!

Heinz: Wenn der ned beautiful waar! Des is da Olte! Da höchste überhaupt! This ist the Old, he is the highest überhaupt, overhead!

Susan: The Old? Der Alte?

Heinz: Genau, da Olte! His full name is „Eichel-Ober". Aaf englisch Oak-Over!

Susan: Oak-Over??

Heinz: Ja, owa I glaub, des konnma ned so wörtlich übersetzen! Mirk dir einfach Eichel-Ober, des glangt!

Susan: *Deutet auf die Karte:* This ist the Eichel-Ober! It is a good card!

Heinz: Genau! A good card! Jetza wirds owa no schlimmer! Mir sogn zu de Ober „Bauern"! We call the Overs „Farmer"!

Susan: Farmer? Why farmer?

Heinz: Mei, frog mi ned, des woaß i aa ned! It comes aa from früher! Before the Cowboys and Indianer! Nobody knows it genau! It is im Prinzip wurscht! Wichtig is: It gives the Oak-Farmer, the Green Farmer, the Herz farmer and the Schelln-Farmer!

Susan: Oh! These are very lustige Namen!

Heinz: Des wird no more lustig! The farmers have praktisch auch noch Spitznames! The Oak-Farmer is the Old,

	The Green Farmer is the Blue, the Herz Farmer is the Red and the Schelln Farmer is called Bugl!
Susan:	Boogle?
Heinz:	Yes, Bugl! Ask me ned warum, this woaß koa Mensch! It is wahrscheinlich from former times! Woaßt scho, Indianer, Steinzeit und so!
Susan:	It is not easy! Es ist ein schweres Spiel! Ich glaube, man kann nicht leicht spielen das!
Heinz:	Omei, spielen! This is noch a long way! Mir samma erst beim Erklärn vo de Kartn! Also, now you know the Farmers? Kennst de Bauern?
Susan:	Yes! Es gibt vier Bauern! Eichel, Green, Heart and Schelln!
Heinz:	Genau! Und de san guat! When you have Bauern, it is good for you!
Susan:	Und dann ich klopfe mit Geld auf die Tisch!
Heinz:	Genau, dann klopfst! Optimal waars natürlich, wenn du laffade Bauern hättst! Running Farmers!
Susan:	Running Farmers? What is das?
Heinz:	The höchste ist the Old, then comes the Green, which is eigentlich the Blue und then the Red and the littlest Farmer ist the Bugl! When you have the Old, the Blue and the Red, you have three running Farmers! Drei laffade Bauern! Verstehst des?
Susan:	Oh, das ist very kompliziert! Warum „running Farmers"? Können die laufen or what?
Heinz:	Naa, natürlich not! I woaß des aa ned, warum des laffade hoaßt! It comes from former times!
Susan:	Oh! Cowboys, Steinzeit und sou!
Heinz:	Genau! Owa jetza wirds richtig krass: Wenn you have the Old, the Blue and the Bugl, you have auch three Farmers, but not running! We call it „drei zwiade Bauern"! The Old, the Red and the Bugl san aa drei zwiade Bauern!
Susan:	What?? Three zwiade Bauern? Was ist zwiad? Ich habe noch nie gehört diese Wort!

Heinz: Zwiad! Verruckt! Mad! It are three mad Farmers! You can mirk it you folgendermaßen: If you have three Farmers and they are not running, then they are mad! Three Framers are entweder running oder mad! Anders gehts ned!

Susan: Also, ich bin ganz ehrlich: Ich habe das nicht sou richtig verstanden!

Heinz: Ja, sou einfach is des ned! Owa host verstanden, dass Farmers good san, egal ob running oder mad?

Susan: Yes, das habe ich verstanden! Farmers sind immer gut!

Heinz: Des reicht fürn Anfang! So, owa jetza kimmt da Wermutstropfen: If oana an Wenz plays, dann san Farmers nix wert! Dann is da Ober da gleiche Depp wia da Kine!

Susan: What??

Heinz: If a Player plays a Wenz, the Farmer ist the same Idiot like a King!

Susan: A Wenz? A Idiot? A King? Sorry, wer sind die drei?

Heinz: Ja, des is ned einfach! I glaub, optisch kemma am ehern weida. *Zeigt ihr einen Unter.* This is a Unter, a Under! We call it Wenz! Und if you have many Wenzn und some Sei, some pigs, you can play a Wenz! And it's good, if you are coming out! Wennst aussakimmst! Ideal san natürlich running Wenzn! Obwohl, mad sans aa ned schlecht!

Susan: Ich habe leider kein Word verstanden! I'm so sorry!

Heinz: Naa, do brauchst ned sorry sei! Dua di ned owe, don't yourself down! A Wenz is a Feinheit beim SheepHead! You ca learn it later! Entschuldige, I glaub, I have di do überfordert! Gemma zruck zu de Grundregeln! I say you, what is ganz wichtig, the Rest we make a anders Mal!

Susan: Oh yes, thank you!

Heinz: Also, the A and O is: You must have 61 eyes!

Susan: 61 Eyes? I have only two eyes!

Heinz:	Not in dein Kopf, in de Cards brauchst 61 Augn! Every card has Augen, eyes! A Pig has 11, a Ten ten, a King vier, a Farmer drei and a Wenz two, the other Glump zero!
Susan:	Aahh! Und why brauche ich unbedingt 61 Augen?
Heinz:	Weils insgesamt 120 gibt und wer gwinna will, braucht mehr als d'Hälfte!
Susan:	Das habe ich jetzt alles verstanden! Also das mit die Augen is mir klar!
Heinz:	Ja Moment! Wennst unter 30 Augn host, dann bist Schneider!
Susan:	Schneider?
Heinz:	Yes, Schneider! Tailor!
Susan:	Tailor? That means „Schneider" in Deutsch?
Heinz:	Haargenau! And in Schafkopf aa! Und wennst überhaupt ned stichst, dann bist schwarz! Black! Black is not good!
Susan:	Not?
Heinz:	Überhaupt not! Tailor is scho bad, owa black is no bader! And deierer!
Susan:	Ich verstehe nicht ganz!
Heinz:	Mirk dir einfach: 61 eyes is good, tailor is bad, black is shit!
Susan:	Okay, das can ich mir merken! Black is shit!
Heinz:	Richtig! So, jetza hob i dir einiges erklärt, jetza kemma amol zum Spiel an sich! Es is aso: Du konnst entweder aaf a Sau spieln oder do spielst solo!
Susan:	What can I?
Heinz:	You can play with a pig or alone!
Susan:	I can play with a pig? Mit ein Schwein? Ich habe gedacht, das ist ein Spiel for Menschen!
Heinz:	Ja, scho! Des san ja koane real Sei! A pig is a card! *Zeigt die Schellnsau.* Look, this is a pig! The so-called Bumpl! Oder you can say to her „the Hund hockt obn"!
Susan:	The Hund hockt obn?? Was is das?

Heinz:	The dog sits on her! Schau, segst du des: Do is a Wildsau und aaf dera hockt a Hund obn! See you it?
Susan:	*Nachdem sie die Schellnsau aufmerksam begutachtet hat:* Oh yes, i see it! Wonderful! Warum sitzt da ein Hund oben auf das Wildschwein?
Heinz:	Keine Ahnung! It comes from former times!
Susan:	Steinzeit?
Heinz:	Yes, haargenau! Und man konn mitana Sau spieln! It gives vier pigs, but you can bloß mit three spieln, weil one is Trumpf, nämlich the Herzsau!
Susan:	What is Trumpf?
Heinz:	Des lernst scho no, wennma amol a Probespiel macha! Mirk dir einfach: Herz ist Trumpf! Es sei denn, wos anders is Trumpf! Wobei ma scho beim Solo san! Wenn du ganz guat bist, dann konnst an Solo spieln! Dann bist allerdings alloans!
Susan:	What?
Heinz:	Than you are alone!
Susan:	Gehen die anderen Player dann weg?
Heinz:	Naa, de genga ned weg! De bleibn scho do! Aber du spielst alleins gegen alle drei! Normal are allaweil two friends. But when you play a Solo, you have no friend! You are dodal alone gega all! Only enemies! But wennst gwinnst, dann kriagst dei money vo alle drei! So gseng is a Solo a good thing! Wenn man gwinnt! Wenn man verliert, dann gehts ins Geld! Then it goes in the money!
Susan:	Oh my God! Ist das kompliziert! Ich glaube, das kann man nie ganz verstehen, wenn man kein Bayer ist, oder?
Frau:	*Von draußen:* Heinz, kimm bitte außa! Hilf mir schnell d'Wäsch owadua, 's Renga fangts o! Schnell!
Heinz:	I must help mei Old!
Susan:	Your Eichel-Ober?
Heinz:	Naa, in dem Fall ned! My wife! We call our wife genauso like the Eichel-Ober, because we have an Res-

	pekt vor her! The Wäsch muass down, weil it rengs glei!
Susan:	Okay!
Heinz:	Morgen erkläre ich dir …
Frau:	Ja kimmst jetza oder ned? Es tröpfelt scho!
Heinz:	Jaja, kimm scho! *Zu Susan:* It is dropping already! Morgen erkläre ich dir ein leichtes Spiel, much einfacher! It is called „Wattn"! Do brauchst dir im Prinzip bloß drei Kartn mirka, de wos wichtig san! Only three cards are important! The Rest is wurscht!
Susan:	Nur drei Karten! Drei Farmers?
Heinz:	Naa, d'Farmers san beim Wattn wertlos! Beim Wattn are other three chiefs: The Max, the Belle and the so-called Soach! Or Biese, it is the same!
Susan:	Soach?? What is soach?
Heinz:	The Pissing! The Feinheiten I tell you morgen!
Frau:	Heiiinz!
Heinz:	Jaja, i konn me aa ned derranna! *Geht.*

Es ist ein Kreuz heutzutage: Drogen, Kriminalität, Neid, Missgust, Respektlosigkeit, sexuelle Ausschweifungen, Doku-Soaps – üble Dinge! Die hat es noch nicht gegeben damals,

Als die Welt noch in Ordnung war

Ich mag am liebsten meine Mama, Pommfritz und Fernsehschauen. Am allerliebsten schaue ich mit meinem Opa Fernseh, weil der kann so schön schimpfen, weil heute alles so schlimm ist.
Er sagt, dass ich ihn derbarme, weil ich in der heutigen Zeit leben muss und das Schlimmste noch vor mir habe, er selber stirbt irgendwann und hat dann seine Ruhe. Normal habe ich sowieso keine Chance, sagt er, weil an jedem Hauseck steht ein Dealer oder ein anderer Saubär und nutzt meine Dummheit, die ich mir vom Fernsehen abgeschaut habe, aus.
Und wie die Jugend heutzutage säuft, ist nicht normal.
Oma hat gesagt, wie er jung war, hat er doch auch gesoffen, aber er sagt, das war wegen dem Brauchtum und nicht wegen dem Alkohol!
Außerdem hat man früher nur Bier und Schnaps getrunken, aber heute greift man gleich zum Wein! Entscheidend ist, dass er mit 18 nicht Auto gefahren ist, wenn er etwas getrunken hat! Da hat Oma gesagt, dass er ja mit 18 gar kein Auto gehabt hat und er hat gesagt: „Eben, das ist ja das!"
Einmal ist am Fernseh gekommen, dass Jugendliche eine Parkbank umgeworfen haben und die war dann hin. Da hat Opa gesagt, die gehören sich alle eingesperrt, mindestens fünf Jahre, damit sie wissen, wo der Hartl die Post holt oder so ähnlich. Wir haben noch Respekt vor einer Parkbank gehabt!" hat er geschimpft, „aber heute wird eine Parkbank behandelt wie ein Mensch zweiter Klasse!"
Ich habe Opa versprochen, dass ich einer Parkbank nie etwas tuen werde, so lange ich lebe, und er hat gesagt, mit dieser Einstellung kann ich es weit bringen.

Wie einmal ein Talkshow da war, hat er sich dodal aufgeregt, weil es vor Deppen nur so gewimmelt hat. Einer hat Oktan geheißen und gesagt: „Wenn mir einer dumm kommen tut, ey den haui voll inde Fresse rein, dass de Zähn' Polka tanz'!" Er hat eine grüne Rapper-Hose angehabt und ein schwarzes T-Shirt, da ist draufgestanden „Meine Mudda is kinderlos!" und Opa hat gesagt „schön wär's!" Er hat gemeint, dass uns diese Gewalt noch umbringt und dass er alle 68er verflucht, weil die haben die Gewalt erfunden! Die 68er kenne ich nicht, nur die 60er und die Bayern.
Früher ist man in Ruhe fortgegangen und in Ruhe wieder heim und das wars! Die Gewalt war früher praktisch unbekannt.
Da hat Oma gesagt, so ist es nicht, weil früher ist im Wirtshaus auch mal einer abgestochen worden oder er hatte einen Schädelbasisbruch, weil man ihm einen Maßkrug mit Schwung auf den Kopf gestellt hat. „Jaja" hat Opa gesagt, „das mag schon sein, dass früher ab und zu einer abgestochen wurde, aber das war mehr freundschaftlich oder weil er vom Nachbardorf war. Aber heute werden Menschen grundlos angegriffen! Und wenn einer es nicht überlebt hat, dann ist man ihm wenigstens auf die Leich' gegangen, weil man einen Respekt hatte! Aber heute sind wir so weit, dass einer, wenn er einen umbringt, diesem gar nicht mehr auf die Leich' geht, weil es keine Werte mehr gibt!"
Außerdem soll man das nicht überbewerten, weil es waren Einzelfälle und die Leute hatten von Haus aus mehr Kinder.
Der Sinn des Fortgehens war damals das Tanzen. Aber nicht wie heute mit Zuckungen und alleine, sondern in echt! Eine Musikkapelle hat gespielt und man hat ein Mädchen höflich gefragt: „Hä du, packmas?" und dann ging es auf!
Nach drei Zwiefachen hat man geschwitzt wie die Sau und das war erotisch. Und wenn dann ein Langsamer gekomken ist wie zum Beispiel „Aber dich gibts nur einmal für mich", dann hat man mit dem Mädchen so richtig zusammenpappen können, weil das hat auch geschwitzt! Opa sagt, das waren noch Vollblutweiber, aber heutzutage schwitzt ja keine mehr, weil sie sich alle fünf Minuten duschen und dann haben sie eine Hautallergie!

Um ein Uhr war der Tanz aus, dann ist noch eine Zugabe gekommen, meistens „bye, bye love", man hat noch ein wenig geschmust oder gerauft und dann ist man heim. Gefahren ist der, der wo am wenigsten getrunken hatte. Meistens war das der Drumriebl Gottlieb, weil der hat selten mehr als sieben Weizen gehabt. Und bei dem war das Risiko, dass sie ihm den Führerschein zwicken, nicht so groß, weil er hatte keinen, bloß für den Bulldog und die Zündapp.

Und wenn man daheim war, ist man nicht wie ein Dieb ins Bett geschlichen, sondern hat sich zurückgemeldet! Man hat seine Eltern aufgeweckt, weil man einen Respekt hatte und hat gesagt: „So, do waar i wieder! I hob acht Weizen und fünf Eckes Edelkirsch!" Dann hat der Vater gesagt: „Geh' ins Bett, du Depp und lass uns schlafen!" Da hat man halt noch zusammengehalten in der Familie und sogar mitten in der Nacht war eine Kommunikation!

Am meisten ärgert sich Opa, wenn etwas mit Models kommt. Er sagt, wie er jung war in der guten alten Zeit, da hatten die Mädchen noch zwei Busen, zwei Wadeln und einen Arsch. Heute haben sie zwei Pfund Silikon, aufgeblasene Lippen und eine Essstörung! „Sogar die Oma hat als junges Mädchen besser ausgeschaut als die heutigen Gestelle und das will was heißen!" sagt Opa.

Da freut sich dann die Oma und sagt, er könnte ihr ruhig öfter ein Kompliment machen, aber er sagt, man soll es nicht übertreiben.

Einmal ist auf RTL ein Bericht gekommen, weil ein 17-jähriges Mädchen ein Kind bekommen hat und jetzt ist sie lieber alleinerziehend, weil als Vater kommen drei in Frage und jeder ist ein Depp. Sie hat gesagt, momentan lebt sie vom Staat, aber wenn Marvin in den Kindergarten geht, dann holt sie den Hauptschulabschluss nach und studiert Event-Managerin oder Lottofee.

Opa sagt, das ist das Problem: Früher, da ist ein Mädchen rot geworden, wenn ihr ein Knabe zu nahe gekommen ist und heute wird sie gleich schwanger! Schuld ist nur der elendige Sex, den haben auch die 68er erfunden! Früher hätte man sich in Grund

und Boden geschämt, wenn man mit 17 schwanger geworden wäre, insbesondere als weibliches Mädchen! Aber heute ist ja alles wurscht. Hauptsache, man ist sexuell!
Oma hat ihn gefragt, ob er sich etwa nicht mehr erinnert, dass früher auch Mädchen mit 17 schwanger geworden sind, zum Beispiel sie. Da hat Opa gesagt, das ist ganz etwas anderes! Erstens ist es nicht beim Sex passiert, sondern beim Feierwehrball, zweitens hat er sie geheiratet und drittens – und das ist das Wichtigste – haben sie ihr Kind nicht Marvin getauft, sondern Kare! Das Kind Kare wurde später mein Vater und es freut mich, dass ich das jetzt weiß, weil wenn er mich wieder einmal schimpft und sagt, das ich ein Ergebnis der heutigen Medien bin, dann sage ich, dass er ganz staad sein muss, weil er ist ein Ergebnis des Feierwehrballs! Opa meint aber, es wäre besser, wenn ich das nicht sagen würde.

Was früher viel besser war, ist das Wetter. Da war der Winter noch kalt, der Sommer noch heiß und der Frühling und der Herbst normal. Aber heute weiß man nicht mehr, was gerade ist, wenn man das Wetter anschaut. Man kann es nur mehr an den Pollen erkennen, die wo gerade herumfliegen: Wenn Oma niest, dann ist April, wenn Mama hustet, Mai, und wenn Tante Erna keine Luft mehr kriegt, Juli.
Überhaupt waren die Menschen früher nicht so wehleidig und krankhaft. Opa sagt, wenn er früher ein Butterbrot gegessen hat und es ist ihm auf dem Misthaufen heruntergefallen, dann hat er es aufgehoben und weitergegessen, weil das war noch ein natürlicher Dreck, der wo das Immunsystem stärkt! Aber seit sie die Salmonellen erfunden haben, muss man ja schon vor einem Rührei Angst haben! Das waren bestimmt auch die 68er!
Früher hat das Essen auch noch einen Geschmack gehabt, heute hat es bloß noch Kalorien! Dass früher die Lebensmittel noch viel haltbarer waren, sieht man am Gammelfleisch – das stammt von früher und wird heute noch verwendet!

Oma sagt, er soll mir keinen solchen Krampf erzählen, weil zum Schluss glaube ich es noch, weil ich noch ein Kind bin. Aber alles glaube ich dem Opa auch nicht, da kann die Oma ruhig beruhigt sein!

Zum Beispiel habe ich ihm nicht geglaubt, dass er im zweiten Weltkrieg Panzer gefahren ist mit seinem Freund Rimpf Rudi. Er war Fahrer und Rimpf Rudi Beifahrer. Ich habe gesagt, das kann nicht stimmen weil Opa und Rimpf Rudi sind 1941 geboren und ein bisserl kann ich auch schon rechnen und mit vier Jahren kann man keinen Panzer fahren und auch nicht beifahren.

Da hat Opa gesagt, es war natürlich auf einem Kinderkarusell und nicht auf einem Schlachtfeld und hat recht gelacht, weil ich dagestanden bin wie ein Idiot.

Das gefällt mir an meinem Opa so gut, weil egal was man zu ihm sagt – er weiß immer was! Als zum Beispiel die Oma ihn gefragt hat, ob er auf dem Klo heimlich eine geraucht hat, hat er gesagt „nein". Oma hat gefragt, ob er sich das schwören traut, obwohl er nach Rauch riecht wie ein Lagerfeuer, hat er gesagt „ja, das traue ich mich schwören, weil ich habe drei graucht, nicht eine!"

So cool ist mein Opa und ich will auch einmal so cool werden! Aber er sagt, das ist schwer, weil heute ist alles komplizierter.

Früher, als die Welt noch in Ordnung war, brauchte man als junger Bub eine Schnur zum Angeln und einen Wald zum Spielen. Heute braucht man eine Haftpflichtversicherung und eine Zeckenschutzimpfung!

Früher, wenn man in der Schule einen Fünfer hatte, bekam der Vater einen Brief vom Lehrer des Schülers, heute bekommt der Lehrer ein Brief vom Anwalt des Vaters!

Ich habe gesagt: „Opa, tu dich nicht hinab! Ich habe gar keinen Fünfer, nicht einmal einen Vierer, sondern nur Einser, Zweier und Dreier! Gell, ich bin ganz gescheit!?"

„Genau" hat Opa gsagt, „und die Gescheitheit hast du bestimmt von der Oma, weil ich habe die meine noch!"

Die Atmosphäre im Wartezimmer eines Arztes ist eine ganz besondere. Ich habe schon desöfteren darüber geschrieben und war eigentlich der Meinung, das Thema damit erschöpfend behandelt zu haben. Nun ist mir aber etwas passiert, das hat mich dermaßen amüsiert, dass ich es niederschreiben musste. Die folgende Unterhaltung ist nicht <u>frei</u> erfunden! Ich habe sie (zumindest in etwa) selbst so erlebt. Und zwar

Beim Urologen

Patient 1:	De Warterei immer! Jetza wart i scho volle zwoa Stund! Seit halbe zehne hock i do und jetza is viertel vor elfe!
Patient 2:	Des san owa bloß oanaviertel Stund und ned zwoa!
Patient 1:	Owa mir kimmts vor wia zwoa!
Patient 2:	Hamms an Termin?
Patient 1:	Naa, i bin freiwillig do! I hob ogruafa und gfragt, ob i spontan kemma konn, weils brennt!
Patient 2:	Brenna duats? Wo brennts denn?
Patient 1:	Beim Wasserlassen!
Patient 2:	Omei! Des is ned angenehm! Brennts scho länger?
Patient 1:	Eigentlich ned! Erst seit gestern. Gestern aaf d'Nacht biesle aso dahi, denkama: „No! Des brennt! Irgendwia brennt des!" Grod aso.
Patient 3:	Des is da Unterschied: Bei da Feierwehr brennts z'erst und dann kimmt 's Wasser und bei Eahna kimmt z'erst 's Wasser und dann brennts! Direkt zum Lacha!
Patient 1:	Noja, sooo lustig find i des im Moment ned!
Patient 3:	Nix für unguat, war bloß a Gag! Zwecks da Aufheiterung! Brennts mehr kolikartig oder human?
Patient 1:	Eigentlich scho human, es is zum Aushaltn! Im Moment brennts gar ned! Owa des is allaweil aso: Kaam hockst beim Doktor, brennts nimmer! I

	kannt do narrisch werdn! Des is dann peinlich – do kimmst ohne Termin und dann brennts ned!
Patient 3:	Is ja beim Zahnarzt des Gleiche! Dahoam host a Problem und kaam sitzt beim Zahnarzt – Problem weg!
Patient 2:	Des kannt i jetza ned behaupten. Bei mir is vorigs Mal a Füllung ausagfalln, dann bin i zum Zahnarzt und do wars immer no heraußn!
Patient 1:	Des is scho klar, des is wos anders. Mir hamm ja jetzta mehr gmoant wega'm Schmerz! Owa i hobma denkt, i geh zum Urologen, weil aaf Dauer is des ned guat, wenns brennt!
Patient 2:	Naa, aaf Dauer is des ned guat! Weil ned dasse wos entwickelt!
Patient 1:	*Erschrocken:* Entwickelt? Wos nacha?
Patient 2:	A Krankheit zum Beispiel! A Harnröhrendings oder sowos! Da vergeht dir's Lacha! Des wenn chronisch is, dann dauerts länger! Im Untergstell wenns amol losgeht, dann reißts nimmer ab! Blasen, Niern, Prostata, geh hörma doch aaf!
Patient 3:	Guat, dassma ned woaß, wos no alles kimmt! I möchts gar ned wissen! Schauns her, da Ding, da Profuntl Quirin – 58 Johr old, no nie wos ghabt, wird mitten in da Nacht wach und zack: Des wars!
Patient 2:	Tot?
Patient 3:	Naa, aso Ohrgeräusch!
Patient 2 :	Achso, a Ohrgeräusch ! Jetza hob i mir scho denkt, dass er gstorbn is oder wos!
Patient 3:	Naa, gstorbn isa ned, der lebt heit no. Owa des rauscht ständig! Schee is des ned, wenns ständig rauscht! Woaßt, irgendwann möchst aa amol dei Ruah hom, owa des rauscht 24 Stund am Dog! Und in da Nacht aa! Furchtbar is des!
Patient 1:	Kenne! Des is da Tinnitus!
Patient 3:	Naa, da Profuntl Quirin!

Patient 1:	Naa, i moan de Krankheit! Wennma a Ohrgeräusch hod, dann sagtma do Tinnitus! Des kimmt vom Stress!
Patient 3:	Owa da Quirin is a Beamter im Grundbuchamt!
Patient 1:	Achso! Dann muass des Ohrgeräusch a andere Ursache hobn!
Patient 2:	Moment, meine Herren! I derf fei scho bitten, gell – mei Schwiegersohn is aa beim Grundbuchamt!
Patient 1:	Und? Hoda a Ohrgeräusch?
Patient 2:	Soweit i woaß ned.
Patient 1:	Des daad mir zum Denka gebn!
Patient 2:	*Verwirrt:* Hm! Komisch is des scho, dass der koans hod! Er sagt nämlich, er hod scho an Stress. Letztdings warn an oam Vormittag drei Leit do und wollten an Grundbuchauszug!
Patient 3:	Also meines Erachtens hod des Ohrgeräusch beim Profuntl Quirin familiäre Ursachen.
Patient 1:	Familiäre? Isa gschiedn oder wos? Oder ebba gar verheirat?
Patient 3:	Sei Schwiegertochter hod 141 Kilo! Mehr soge ned!
Patient 1:	Ach du Schande! Des is natürlich scho a Belastung! Do host an Sohn und hoffst, dass dir der amol wos jungs knusprigs ins Haus bringt und dann sowos! Des is a schware Belastung, nervlich und psychisch!
Patient 2:	Und aa rein gwichtsmassig! Do is a Ohrgeräusch koa Wunder ned!
Patient 1:	Do wehrtse da Körper gega de Schwiegertochter per Pfeifton! Da Körper lasstse ned überlisten, der reagiert aaf alles! Aaf jeds Kilo!
Patient 3:	I bild mir aa ei, dass des an dera Schwiegertochter liegt! Man kannt des ganz leicht feststelln: Der Sohn brauchert sich bloß amol probehalber scheiden lassn und dann a Schlanke heiraten. Wer woaß, waar dann des Ohrgeräusch ned weg! Also an Versuch waars wert! Und wenn ned – viel waar ned hi! Dann hod er wenigstens de Blunzn los!

Patient 1:	Möglich is alles! Wenn d'Ursache weg is, dann is oft aa des Geräusch weg.
Patient 2:	Des stimmt! I kenn oan, der hod a Mogngschwür ghabt. Dann hodse sei Nachbar aafghängt und bumms – war des Mogngschwür weg! Vo heit aaf morgen – Nachbar weg, Gschwür weg!
Patient 1:	Dann war der Nachbar praktisch die Ursache!
Patient 2:	Freilich, der war schuld! Owa er hod wenigstens soviel Anstand ghabt und hodse aafghängt!
Patient 3:	Immerhin!

Patient 4 betritt das Wartezimmer. Er wirkt nicht krank, aber etwas ängstlich.

Patient 4:	Griaß God mitnand!
Patient 1:	Habe die Ehre!
Patient 2:	's God!
Patient 3:	Mahlzeit!
Patient 1:	Hamms ebba Schmerzen, weils aso schaun?
Patient 4:	Naa, Schmerzen ned.
Patient 3:	Oder a Ohrgeräusch?
Patient 4:	A Ohrgeräusch? Is des a HNO? I wollt zum Urologen!
Patient 2:	Naa, des is scho da Urologe! Mir hamm bloß grod zufällig über Ohrgeräusche gred!
Patient 3:	Wegan Profuntl Quirin!
Patient 4:	Den kenn i ned.
Patient 2:	A recht a wamperte Schwiegertochter hoda!
Patient 4:	Kenn i trotzdem ned!
Patient 3:	Macht nix! Ja, wenn nix weh duat, wos macha Sie nacha do? Tropft da Wasserhahn?
Patient 4:	Ha? Da Wasserhahn? Wenn da Wasserhahn tropfa daad, dann gang i zum Spengler und ned zum Urologen!
Patient 1:	Naa, er moant ned den Wasserhahn in da Küch, sondern den in da Hosn!
Patient 2:	's Zipferl!

Patient 4: *Verlegen:* Achso! Naa, um Gottes Willn, bei mir tropft nix! Mi hod d'Frau hergschickt!

Alle anderen lachen herzhaft.

Patient 1: Aha! Alles klar! Is die Madam nimmer so recht zufrieden? Is alles zwischen Nabel und Kniascheibn a weng lätschert in letzter Zeit?

Patient 4: Ach, so ein Schmarrn! I soll amol aso a Vorsorgeuntersuchung macha, hods gsagt. I bin jetza 55 und war no nie. I hoff, des is ned so schlimm, aso a Vorsorgedings do.

Patient 1: A Vorsorge? Beim Urologen? Ach wo, des is überhaupt ned schlimm!

Patient 2: Bisma a weng schaut, is vorbei!

Patient 3: Und er hod ja Gummihandschuah an, des machts erträglicher!

Patient 4: *Erschrocken:* Gummihandschuah? Wieso Gummihandschuah? Wos machta denn mit denen?

Patient 1: Wissen Sie des ned?

Patient 4: *Immer nervöser:* Naa, i woaß gar nix! I war ja no nie!

Patient 2: Hm ..., also dann werns am Anfang wahrscheinlich scho a weng daschrecka! Zammzucka duatma do scho momentan!

Patient 4: Zammzucka? Warum zammzucka?

Patient 2: Ja, weil da Urologe, der kimmt durch'n Lieferanteneingang!

Patient 3: Hähä! Schee gsagt! Lieferanteneingang! Des hob i aa no ned ghört! Sie san mir vielleicht oaner!

Patient 4: Wia durch'n Lieferanteneingang? Wie moanans jetza des?

Patient 1: Der untersuacht Sie rektal! Vo hint! I sogs amol in da medizinischen Fachsprache: Sie bucken sich und er rammt Eahna den Finger in Arsch eine!

Patient 4: Des is jetza a Witz, oder?

Patient 2: Von wegen! Des san nackte Tatsachen, im wahrsten Sinne des Wortes! I war scho zwoamal bei da Vorsorge. Und jedsmol: Bücken, zack, heidewitzka! Owa beim zwoatn Mal is nimmer so schlimm, weil da Schockeffekt is ja weg, weilma ja woaß, wos kimmt und wohers kimmt. Obwohl natürlich a gwisse Angst bleibt, weil erstens mochtma sowos ned jedn Dog und zwoatens is ja des a recht a sensible Zone, grod bei uns Männer!

Patient 3: Also jedn Dog möcht i des ned macha! Des waar nix!

Patient 4: Also, i bin fei ernsthaft am überlegen, ob i de Vorsorge macha soll, weil eigentlich bin i ja beschwerdefrei. Und man soll ja ned grundlos an Eingriff macha oder? Des lestma doch immer. Weil im Endeffekt is ja jeder Eingriff a Eingriff!

Patient 1: Noja, a Eingriff is des ned direkt, mehr a ambulante Belästigung! Kennen Sie den Doktor Blasendorfer?

Patient 4: Wer is nacha des?

Patient 1: No der Urologe, dem wos de Praxis do ghört! Da Doktor praktisch!

Patient 4: Achso! Ja freilich! Doktor Blasendorfer! Naa, persönlich kenn i den ned.

Patient 1: Dann is de Untersuchung wenigstens psychisch ned so belastend!

Patient 2: Wieso psychisch?

Patient 4: Ja, wieso psychisch?

Patient 1: Weil des ned einfach is, wennst du den Doktor in dera extremen Situation persönlich kennst und er di! Da Doktor Andreas Blasendorfer und i, mir samma scho seit 20 Jahrn im gleichen Männergesangsverein – er Tenor, i Bass. Und do kenntma sich halt aa privat, is ja logisch!

Patient 4: Ja und? Des is doch ned so schlimm.

Patient 1: Jetza passens aaf: Wia i mei erste Vorsorgeuntersuchung ghabt hob und er steckt mir den Finger do hintn eine, des war fei für mi ned einfach! Weil der kennt mi normal bloß vo vorn – und mit Hosn,

	weil mir hamma beim Singa immer a Hosn an! Und wia er do mit sein Finger aso umanandatastet, ob alles passt, fragt er mi mittendrin: „Und Ludwig, wia gehts da Hildegard?" D'Hildegard is mei Frau. I sogs Eahna, i war aaf alles gfasst, owa ned aaf so a Frage!
Patient 3:	Also des is in dera Situation a saublöde Frage! Wos sollma denn do sogn? D'Ehefrau is doch zweitrangig in dem Moment!
Patient 4:	Des daad i aa sogn! Wos hamms nacha gsagt?
Patient 1:	I hob gsagt: „D'Hildegard kafftse an Wintermantel!"
Patient 4:	D'Hildegard kafftse an Wintermantel? Wia sans denn aaf des kemma?
Patient 1:	Weils die Wahrheit war! Mei Frau hod gsagt, während i mei Mittelteil untersuacha lass, kafft sie an Wintermantel und holt mi dann beim Doktor ab. I war so perplex, dass i des spontan gsagt hob.
Patient 2:	Mei, wos willst aa scho sogn? Im Prinzip is ja des wurscht. Sie, jetza sog Eahna oans: Wissens, wos i glaub? I glaub, dass der Doktor des ganz bewusst gfragt hod!
Patient 3:	Bewusst? Wia bewusst? Dem is doch der Wintermantel dodal wurscht!
Patient 2:	Des is psychologisch! Der wollt den Herrn bloß vo da Untersuchung ablenka und drum hod er wos gfragt. *Zu Patient 1:* Ganz ehrlich – wos is Eahna do durch'n Kopf ganga, wia er Sie gfragt hod? Ganz ehrlich!
Patient 1:	Also i hobma denkt: „Jetza kafftse de scho wieder an Wintermantel! De hod doch eh scho oan! Muass des sei?" Des hob i mir denkt in dem Moment!
Patient 2:	Des hoaßt aaf deitsch, Sie hamm an Eahna Frau denkt und ned an den Finger im Arsch! Entschuldigung, owa i sogs jetza so drastisch!

Patient 1:	*Fast erfreut:* Richtig! I hobma denkt: „Ja kruzenäsn, scho wieder 300 Euro für an warma Mantel! Und des bei da globalen Erderwärmung!" I hob den Finger völlig ignoriert!
Patient 2:	Des is des! Der Doktor Blasendorfer is ein Genie! Der bringt de Patienten zum Nachdenka über ganz wos anders und scho wird de Untersuchung erträglicher! Weilma automatisch sein Arsch vergisst – vorübergehend. Und bisma wieder an eam denkt, is der Fall erledigt. Weil de Untersuchung aus is.
Patient 1:	Stimmt! Stimmt haargenau! Genau aso wars! Bis i mi wega dem Wintermantel wieder beruhigt hob, war der Eingriff beendet! Genial! I verdank de weitgehend schmerzfreie Untersuchung dem Wintermantel vo da Hildegard!

Patient 4 nimmt gerade sein Handy zur Hand.

Patient 2:	Um Gottes Willen, do herin derfans ned mit'm Handy telefoniern, des is doch a Arztpraxis! Mit de Handystrahlen spinnen doch de ganzn elektrischen Geräte!
Patient 4:	*Steht auf.* Dann muass i schnell auße zum Telefoniern!
Patient 1:	Wos is denn so dringend? Wen ruafens denn o?
Patient 4:	Mei Frau! De soll sofort in d'Stod fohrn und sollse an Wintermantel kaffa!

Weisheiten von A bis Z

Sohn: Du Papa, woaßt wos? Heit hob i in da Schul im Diktat als oanziger null Fehler ghabt!

Vater: Ja super Kurti! In wos für a Klass gehst denn du momentan überhaupt?

Sohn: In de vierte! 4b! Woaßt du des ned? Des muasst doch du wissen, du bist doch mei Papa !

Vater: Vermutet howes scho, owa sicher war i mir ned ganz. Aaf jeden Fall is des a Riesensach, dass du null Fehler host! Vo wem host denn nacha abgschriebn?

Sohn: Vom Frumper Eugen, weil der woaß alls!

Vater: Segstas! I hobdas glei gsagt: Sitz di neban Frumper Eugen, weil der hod im Gegensatz zu dir a Hirn! Und da Eugen hod aa null Fehler?

Sohn: Naa, der hod oan! Der hod „Stillleben" mit zwoa „l" gschriebn und i hobs aus Versehen mit drei abgschriebn und drum wars richtig. Weil des schreibtma nämlich mit drei „l"!

Vater: Hut ab! Des hätt' ned amol i gwisst!

Sohn: I hobs aa ned gwisst, owa jetza woaßes!

Vater: Bravo! Machts nur aso weiter, ihr zwoa! Da Eugen sollse halt no a bisserl besser konzentrien, dass eam ned so dumme Fehler passiern!

Sohn: Genau, Papa! Und woaßt wos? Weil i da oanzige mit null Fehler war, hod mir da Lehrer a Biacherl gschenkt! Als Belohnung!

Vater: Do schau her! Wos nacha für oans?

Sohn: „Weisheiten von A bis Z"!

Vater: Is des a Krimi oder wos?

Sohn: Naa, des is aso a Art Lexikon oder so. Do stengan Weisheiten drin vo „A" wia „Aal" bis „Z" wia „Zypern"! Owa i kapier des ned! I hob scho a boor Weisheiten glesen und ned oane kapiert!

Vater: Hm! Wos san nacha des für Weisheiten? Les amol oane vor!

Sohn:	Wos'n für oane?
Vater:	Is doch wurscht, irgendoane! Fang halt einfach vo vorn o, bei „A"!
Sohn:	Also guat. De erste Weisheit hoaßt: „Alter Wein und junge Weiber sind die besten Zeitvertreiber"! Wos bedeit denn des?
Vater:	Ah ..., des is jetza a bläds Beispiel! Les amol die Weisheit bei „B" vor!
Sohn:	Okay! „Bellende Hunde beißen nicht"!
Vater:	Des is guad! Des bedeit praktisch, dass a Hund, der wos bellt, ned beißt! Aso muassma des interpretiern!
Sohn:	Und wos is do weise dran? Des is doch ganz normal!
Vater:	Do host aa wieder recht! Direkt weise is des ned, weil des woaß im Prinzip jeder Depp, dass a Hund, der wos bellt, ned beißt!
Sohn:	Konna ja gar ned, weil er's Maul offahod!
Vater:	Eben! Schau amol bei „C", wos do für a Weisheit steht!
Sohn:	Moment! C...c...c... aah, do stehts: „Chef werden ist leichter als Chef bleiben"!
Vater:	Hm ..., des is eigentlich a Schmarrn! Also mir sagt des aaf Anhieb nix. Do miassertma mein Chef frogn, der kannts wissen, eventuell. Les amol de Weisheit bei „D"!
Sohn:	Des is aa aso a Weisheit, de wos i überhaupt ned kapier! „Der Krug geht so lange zum Brunnen, bis er bricht"!
Vater:	Also des is einfach! Dass du des ned kapierst! Du kennst doch an Krug, oder?
Sohn:	An Krug? Do woma draus trinkt?
Vater:	Genau! Und jetza stell dir vor, so oaner geht zum Brunnen. Alle Dog, immer und immer wieder!
Sohn:	Der Krug?
Vater:	Ja freilich der Krug, wer denn sunst!
Sohn:	Owa a Krug konn doch ned geh!
Vater:	Grundsätzlich ned, owa in dem Fall scho!

Sohn:	Hod der Krug Fiaß?
Vater:	Grundsätzlich aa ned, owa in dem Fall scho! Owa des is doch wurscht, ob der Krug Fiaß hod oder ned! Es geht doch ned um den Krug an sich, sondern um de Tatsache, dass er bricht. Des kannt genausoguat a Teller sei oder a Glasl oder a Tasse!
Sohn:	Oder a Plastikbeidl!
Vater:	A Plastikbeidl ned, du Dolde! Der bricht doch ned!
Sohn:	Owa a Teller aa ned, wenn er zum Beispiel aus Plastik is!
Vater:	Des stimmt! Dann is doch a Krug am gscheidern!
Sohn:	Und wos soll dann des bedeitn mit dem Krug?
Vater:	Eigentlich is de Weisheit aa a Schmarrn! De konnst vergessn! Wos steht denn bei „E" für oane?
Sohn:	„Eine Schwalbe macht noch keinen Sommer"!
Vater:	Des verstehst owa scho, oder?
Sohn:	Eigentlich ned!
Vater:	Also des is wirklich einfach: Du kennst doch a Schwalbe?
Sohn:	A Schwaiberl?
Vater:	Genau, a Schwaiberl! Und de Schwalben, de fliagn doch jeden Herbst aaf Italien owe! Oder Afrika. Oder Amerika, genau woaßes aa ned, aaf jeden Fall in den Süden.
Sohn:	Fohrn de ned mit'm Zug?
Vater:	Ha? Spinnst du? Mit'm Zug? Wieso solln denn de mit'm Zug fohrn?
Sohn:	No, weils doch Zugvögel san!
Vater:	Bist du ein Depp! A Zugvogel fohrt doch ned mit'm Zug! Du derfst ned alles so wörtlich nehma! A Sauhund is aa koa Kreuzung zwischen Sau und Hund!
Sohn:	Des war doch a Witz, Papa! Des mit de Zugvögel!
Vater:	Achso! Und i hob gmoant, du bist so bläd!
Sohn:	Naa, so bläd bine ned! Owa i woaß trotzdem ned, wos des bedeit!

Vater:	Also, des is aso: Wenn de Schwalben abhaun, dann kimmt da Winter! Klar?
Sohn:	Klar!
Vater:	Guat! Owa wenn oane zruckkimmt, dann hoaßt des ned, dass automatisch Summa is!
Sohn:	Und warum ned?
Vater:	Weil oane zweng is! Oane is praktisch gar nix!
Sohn:	Und wenn zwoa zruckkemma? Is dann Summa?
Vater:	Bei zwoa aa ned! Zwoa san in dem Fall ned wesentlich mehra wia oane!
Sohn:	Und drei?
Vater:	Naa, bei drei aa ned! Oans, zwoa, drei, vier, des is doch a Kaas! Millionen Schwalben fliagn alle Johr nach Süden und dann kimmst du mit zwoa oder drei daher! Des konnst vergessn! I daad sogn, unter tausend brauchst gar ned ofanga!
Sohn:	Aha! Also kanntma sogn: „1000 Schwalben machen einen Sommer"!
Vater:	Ja, vo mir aus! Owa des derfst aa ned so wörtlich nehma. Des muasst mehr im übertragenen Sinn segn!
Sohn:	Ha? Wos?
Vater:	Mensch Meier, wia soll i dir des erklärn? Im Prinzip bedeit des, dassma sich ned deischn lassn soll, wenn irgend a Kleinigkeit is. Weil des will praktisch gar nix hoaßn. Klar?
Sohn:	Naa!
Vater:	Kreiz, is des Kreiz mit dir! Schau her: Wenn i zum Beispiel sog „ein Weißbier macht noch keinen Rausch", dann geht des aa in de Richtung. Weil vom Weißbier an sich wirdma zwar bsuffa, owa ned vo oan! Insofern is a Weißbier nix anders als a Zugvogel! Kapierstdas jetza?
Sohn:	Null! A Weißbier is a Zugvogel? Wos isen do weise dran? Des is doch eher a Blädsinn!
Vater:	Ja kruzenäsn! Steht denn do in dem Buach ned oa kindgerechte Weisheit drin? Wos steht denn bei „F"?

Sohn:	„Früh gefreit hat nie gereut"!
Vater:	Des is vo Haus aus a Schmarrn! Vergiss des sofort! Des is ned weise! Schau bei „G"!
Sohn:	„Glück und Glas – wie leicht bricht das"!
Vater:	Aha! Des is guat! Jetza pass auf: Konnst du di erinnern, wia du damals mit dein Lederfußball des Terrassenfenster zammgschossn host?
Sohn:	Des war voll cool!
Vater:	Also, ob des cool war, lassma amal dahingestellt! Dei Muada hods weniger cool empfunden! Aaf jeden Fall host du doch damals gmerkt, wia schnell dass Glas zerbricht!
Sohn:	Ja, genau, ganz schnell! Des war sofort hi! Batsch-bumm – hi!
Vater:	Eben! Und mit'm Glück is des grad aso wia mitana Terrassentür! Des zerbricht aa ganz leicht! Do host amal a Glück und bis du schaust, zerbrichts!
Sohn:	Wia zerbricht nacha a Glück? Wennma mit'm Fußball draaf schiaßt?
Vater:	Naa! Du konnst doch ned mit'm Fußball aaf a Glück schiaßn! Du, des is fei wahnsinnig schwierig, dir a Weisheit zu erklärn! I hätt nie glaubt, dass des nervlich aso ostrengt!
Sohn:	Jamei. I hob des einfach ned gwisst, dass a Terrassenscheibm und a Glück des Gleiche san! Des konn i doch ned wissen!
Vater:	De san ja aa ned des Gleiche! Mensch, is des ein Wahnsinn mit dir! Konnma denn dir gar nix erklärn?
Sohn:	I konn ja aa nix dafür! I daads ja gern kapiern, owa i kapiers halt einfach ned! Wos soll i denn do macha? Gibma halt wenigstens an Rat, Papa!
Vater:	An Rat? An Rat konn i dir scho gebn: Mach beim nächsten Diktat wenigstens oan Fehler, dann schenkt dir da Lehrer koan so an Krampf nimmer!

Ich bin, obwohl ich dem Kindesalter schon fast entwachsen bin, nach wie vor ein glühender Fan von Märchen. Besonders die der Gebrüder Grimm haben es mir angetan. Neulich habe ich mit großem Vergnügen "Frau Holle" im Fernsehen genossen. Danach kam ich durch gedankenloses Umschalten in eine der vielen nerv- und hirntötenden Gerichtssendungen, die durch nahezu alle Privatsender geistern. Das hatte fatale Folgen! In der darauffolgenden Nacht haben sich die Eindrücke aus dem Märchen und der Verhandlung offenbar in meinem Gehirn vermischt und ich hatte einen total chaotischen Traum. Er endete gottseidank mit einem

Freispruch für Frau Holle

Richter: Ich eröffne die Verhandlung gegen Frau Holle wegen fahrlässiger Gefährdung des Straßenverkehrs, Kindesentzug in Tateinheit mit Verstoß gegen das Beschäftigungsverbot für Kinder. Angeklagte, treten Sie bitte vor!

Frau Holle: Ja, i kimm scho! Bei mir gehts a weng langsamer, wega da Bandscheim. Des kimmt vo dem, weils bei mir dahoam dauernd ziagt wia d'Sau!

Richter: Vor Gericht bitte nicht in diesem Ton, Frau Holle!

Frau Holle: Entschuldigung, i red halt, wia mir da Schnabel gwachsn is! I wollt natürlich sagn: „Weil es bei mir zieht wie d'Sau!"

Richter: Oweh, das kann was werden! Kommen wir zunächst zu Ihren Personalien! Sie heißen?

Frau Holle: Des wissens doch! Sie hamm doch grad „Frau Holle" zu mir gsagt!

Richter: Ich würde Sie aber trotzdem bitten, Angaben zu Ihrer Person zu machen! Das ist vor Gericht Vorschrift.

Frau Holle: Ja dann! Frau Holle hoaße!
Richter: Vorname?

Frau Holle:	Leider ned!
Richter:	Was „leider ned"? Haben Sie keinen Vornamen?
Frau Holle:	Also mir waar nix bekannt. I hoaß scho meiner Lebtag Frau Holle!
Richter:	Schon als Kind?
Frau Holle:	I war no nie a Kind. I war allaweil scho d'Frau Holle!
Richter:	Haben Ihre Eltern Ihnen keinen Vornamen erteilt? Haben Ihre Eltern, als sie der Pfarrer gefragt hat, wie das Kind heißen soll, gesagt: „Frau Holle"?
Frau Holle:	Keine Ahnung!
Richter:	Wer waren denn Ihre Eltern?
Frau Holle:	Des warn de Gebrüder Grimm! Jakob und Wilhelm Grimm!
Richter:	Was??? Zwei Brüder? Und wer war Ihre Mutter?
Frau Holle:	Soweit i woaß, hob i koane. Des hamm de Gebrüder Grimm alloans gschafft!
Richter:	Gerichtsschreiber, notieren Sie: „Mutter unbekannt"! Frau Holle, wissen Sie wenigstens, wer genau Ihr Vater war? Von den Gebrüdern Grimm kann es doch nur einer gewesen sein!
Frau Holle:	Keine Ahnung! Ob jetza des da Jakob oder da Wilhelm war, des konn koa Mensch mehr sogn. Im Prinzip is aa wurscht, weil de hamm alles mitananda gmacht: Des Dornröschen, des Rumpelstilzchen, Hänsel und Gretel – des warn lauter Gemeinschaftsprodukte!
Richter:	Um Gottes Willen! Sodom und Gomorra! Sie sind ja in einem katastrophalen sozialen Umfeld aufgewachsen! Zwei potenzielle Väter, eine Ihnen nicht bekannte Mutter mit wechselnden Sexualpartnern, Hänsel und Gretel sowie Rumpelstilzchen, Rotkäppchen und Dornröschen als Stiefgeschwister!
Frau Holle:	De sieben Geißlein aa, soweit i woaß!

Richter:	Oh Gott oh Gott!
Frau Holle:	Und da Wolf!
Richter:	*Erschüttert den Kopf schüttelnd:* Was für eine Jugend!
Frau Holle:	Jamei! Wia gsagt, i konn mi do dro ned erinnern. I glaub, i war nie a Kind!
Richter:	Vermutlich verdrängen Sie diese traumatischen Erfahrungen!
Frau Holle:	Wos woaß i! Des is mir aa ehrlich gsagt wurscht!
Richter:	Nun gut, Sie heißen also Frau Holle, ohne Vornamen.
Frau Holle:	Haargenau! Einfach Frau Holle, des glangt in d'Haut eine!
Richter:	Anschrift?
Frau Holle:	Wos bitte?
Richter:	Ihre Anschrift! Straße und Hausnummer!
Frau Holle:	I hob koa Straß und koa Hausnummer.
Richter:	Nicht? Ja, wo leben Sie denn dann?
Frau Holle:	Jamei, amol do, amol durt. Wo i halt grad braucht werd, schneemassig.
Richter:	Gerichtsschreiber, notieren Sie: Ohne festen Wohnsitz!
Frau Holle:	Genau!
Richter:	Geboren?
Frau Holle:	Wahrscheinlich scho!
Richter:	Ich meinte, wann Sie geboren sind!
Frau Holle:	Omei, des konn i Eahna ned sogn, des is scho lang her!
Richter:	Haben Sie keinen Ausweis?
Frau Holle:	Naa! Stand ebba do drin, wann i geborn bin?
Richter:	Ja natürlich!
Frau Holle:	Schad, dass i koan hob, weil des hätt mi aa interessiert.
Richter:	Ja gut, dann lassen wir das Geburtsdatum frei. Vielleicht können wir das von Amts wegen noch klären.

Frau Holle:	Des glaub i ned!
Richter:	Lassen Sie das unsere Sorge sein, Frau Holle!
Frau Holle:	I glaubs trotzdem ned!
Richter:	Familienstand?
Frau Holle:	Ledig!
Richter:	Sicher?
Frau Holle:	Hundertprozentig! Ledig und Jungfrau!
Richter:	So genau wollte ich es gar nicht wissen! Sie können sich wieder setzen!
Frau Holle:	Dankschön! Im Sitzn isma wohler, wega da Bandscheim! *Setzt sich auf die Anklagebank.*
Richter:	So! Die Personalien hätten wir! Zwar mehr schlecht als recht, aber immerhin. Herr Staatsanwalt, bitte verlesen Sie nun die Anklageschrift!
Staatsanwalt:	*Steht auf.* Die äh ... irgendwann geborene Frau Holle, geb. Holle, ledig, Tochter der Brüder Jakob und Wilhelm Grimm, ohne festen Wohnsitz, einkommens- und mittellos, wird beschuldigt, am Montag, den 24. Dezember durch von ihr fahrlässig verursachten starken Schneefall auf der Autobahn München – Salzburg einen Stau von ca. 50 Kilometer Länge verursacht zu haben. Dieser führte dazu, dass viele Menschen den Heiligen Abend im Auto verbringen mussten. Darüberhinaus ...
Frau Holle:	*Unterbricht ihn:* Moment, do hätt i a Frage!
Richter:	Normalerweise unterbricht man den Herrn Staatsanwalt nicht, aber bitteschön, fragen Sie!
Frau Holle:	Wos wolln Sie damit sogn: „Fahrlässig verursacht"?
Richter:	Das bedeutet, dass Sie es aus Versehen zu stark schneien ließen.
Frau Holle:	Doch ned aus Versehen! Herr Richter, do liegt a Irrtum vor! I hobs mit z'Fleiß aso schneim lassen! Weil es war doch Weihnachten! Und i hobma denkt, Weihnachten ohne Schnee, des is doch

|||nix! Und drum hob i meine Betten gschüttelt, bis fast nix mehr drin war! Mei, war des a Gaudi! Am Irschenberg sans alle ghängt! De ganzn Deppen mit ehrane Summerreifen! Es hod gschneibt wia d'Sau!

Richter: Frau Holle!

Frau Holle: Omei, Entschuldigung! „Wie die Sau" wollt i sogn!

Staatsanwalt: Dann haben Sie das mit voller Absicht gemacht?

Frau Holle: Des kinnans laut sogn!

Staatsanwalt: *Erfreut über Frau Holles Eingeständnis:* Dann handelt es sich ja um eine vorsätzliche Tat!

Richter: Frau Holle, nochmal zur Klarstellung: Sie geben die Tat nicht nur zu, Sie räumen auch den Vorsatz ein?

Frau Holle: Jederzeit, des konn i beschwörn! Also fahrlässig war des ned! Do hamms Eahna deischt, Herr Ding!

Staatsanwalt: Staatsanwalt!

Frau Holle: Staatsanwalt!

Staatsanwalt: *Kopfschüttelnd:* Tz, tz, tz, nicht zu glauben! Darüberhinaus wird die Angeklagte beschuldigt, die 12- und 13-jährigen Schwestern Marie und Marie für jeweils sechs Wochen bei sich gefangengehalten und sie dadurch ihren besorgten Eltern entzogen zu haben.

Frau Holle: Wos? De hob i doch ned gefangengehalten! De san doch freiwillig kemma! Und i hob denen immer gsagt, wenns geh wolln, kinnans geh! Des hob i zu da fleißigen Goldmarie gsagt und zu der andern faulen Sau aa!

Richter: Frau Holle! Bitte keine solchen Ausdrücke vor Gericht!

Frau Holle: Weils wahr is! De Pechmarie, de stinkt mir heit no! Aso ein verzogener Fratz! Den ganzen Dog bloß essn, schlafa und CDs hörn! *Lacht hämisch.*

	Owa ihra Quittung hods kriagt, des Flitscherl, des greisliche! De hod vielleicht bläd gschaut, wia des Pech owakemma is! Wia a Singerl, wenns blitzt! Und ausgschaut hods danach wia a taufte Maus! Hähähä!
Staatsanwalt:	Wobei wir beim nächsten Delikt wären: Schwere Kindesmisshandlung durch Übergießen mit Pech! Die 13-jährige Marie, jetzt Pechmarie, leidet heute noch unter den psychischen Folgen, von der allergischen Hautreaktion auf das Pech ganz zu schweigen! Ihren Wunschberuf „Supermodel" kann sie wegen nicht mehr entfernbarer schwarzer Flecken im Dekolletebereich vermutlich nie ausüben!
Frau Holle:	Grad Recht gschieht ihr! De und a Supermodel! Der greisliche Hofa!
Richter:	Bitte, Frau Holle, unterbrechen Sie den Herrn Staatsanwalt nicht ständig!
Frau Holle:	I sog bloß!
Richter:	Herr Staatsanwalt, fahren Sie bitte fort!
Frau Holle:	Naa, der konn ruhig dobleibn!
Richter:	Wie bitte?
Frau Holle:	Weil Sie gsagt hamm, der soll fortfahren!
Richter:	Sehr lustig! Mir wäre an Ihrer Stelle nicht nach Scherzen zumute!
Frau Holle:	Mir scho!
Richter:	Herr Staatsanwalt, machen Sie bitte weiter!
Staatsanwalt:	In Anbetracht der offensichtlich völlig fehlenden Reue, der Wiederholung der Kindesentziehung sowie der illegalen Beschäftigung von Kindern, fordere ich eine harte Bestrafung! Ich schlage vor: Zwei Jahre Jurymitglied bei einer Talentsuche im Privatfernsehen mit anschließender Sicherungsverwahrung in einer Kochshow!
Frau Holle:	Um Gottes Willen! Bloß des ned! Dann sperrts mi liawa ei!

Richter:	Ruhe, Frau Holle!
Frau Holle:	Naa, ehrlich!
Richter:	Herr Verteidiger, Sie haben das Wort!
Verteidiger:	Hohes Gericht! Vor uns sitzt eine arme, alte, mittellose, bandscheibengeschädigte Frau, die unter widrigsten sozialen Umständen aufgewachsen ist: Geburtsdaten unbekannt, Mutter unbekannt, zwei Brüder als Vater, ohne festen Wohnsitz und Freund! Dass sich diese Frau freut, wenn einmal ein Kind zu ihr kommt und ihr im Haushalt zur Hand geht, ist doch verständlich!
Staatsanwalt:	Zur Hand geht! Zwölf Stunden am Tag, sieben Tage die Woche, ohne Bezahlung, Urlaub und Krankenversicherung! Das ist Ausbeutung pur!
Verteidiger:	Die 12-jährige Goldmarie wurde mit Gold im Gegenwert von 10.000 Talern übergossen! Das sind umgerechnet 10.000 Euro! Herr Richter, nehmen Sie das bitte zur Kenntnis!
Staatsanwalt:	Dann darf ich aber auch darauf hinweisen, dass der Vater des Kindes das Gold auf Anraten eines Investmentberaters in amerikanischen Immobilienaktien angelegt hat, was zu einem Wertverlust von 98% führte!
Frau Holle:	Do konn doch i nix dafür, wenn des aso a Depp is! Drum hob i nie gheirat, weil jeder Mo an sich bläd is!
Richter:	Frau Holle! Ich darf doch sehr bitten! Auch ich bin ein Mann!
Frau Holle:	Sie hob i jetza speziell ned gmoant, mehr de Männer allgemein! Mi ärgert des gewaltig! Meine scheena Goldtaler! Alles hi!
Verteidiger:	Den Wertverlust der Entlohung hat meine Mandantin nicht zu verantworten! Außerdem ist Goldmarie, wie Frau Holle schon angab, freiwillig zu ihr gekommen und wurde von ihr stets gut behandelt!

Staatsanwalt: Aber nur, um ihre 13-jährige Schwester Pechmarie, die seinerzeit noch schlicht Marie hieß, anzulocken! Und bei Pechmarie hat die Angeklagte dann ihre sadistische Veranlagung gezeigt. Statt die Entwicklung des Kindes zu einem eigenständigen und selbstbewussten Menschen zu fördern, hat sie sie ständig und mit voller Absicht mit niederen Arbeiten wie Putzen, Kochen, Aufräumen und Schneefälle produzieren beauftragt! Dass dies die Kräfte einer 13-jährigen übersteigt, ist doch wohl klar!

Frau Holle: Stinkfaul wars! De wollt überhaupt nix dua! De ganze Zeit hods mi bloß gfragt: „Ey Schwester, wann gibts jetza endlich des Gold?" So ein Saufratz, so ein verzogener! Wenn i gsagt hob, sie soll putzen, hod sie gsagt, sie hod a Hausstauballergie! Wenn i gsagt hob, sie soll kocha, hods gsagt, da Küchendampf schad ihrem Teint und wenn i gsagt hob, sie soll de Betten ausschütteln, hods gsagt, Bettfedern verursachen bei ihr an Ausschlag! Ein unmögliches Kind! Wissens wos, Herr Richter: Damals, wia de mit Bettenschütteln dran war, hob i a Beschwerde vom Schiclub Ruhpolding kriagt, weils ned schneibt! I hob no nie a Beschwerde kriagt, owa der Fratz hod des gschafft! I konn mi in Ruhpolding nimmer blicken lassen! „Kein Verlass auf Frau Holle" is damals in da Zeitung gstandn!

Verteidiger: Herr Richter, Sie müssen sich das einmal vorstellen: Eine bis dato unbescholtene Frau bekommt Beschwerdebriefe und wird in der Presse öffentlich kritisiert! Und nun steht sie sogar vor Gericht! Und das nur, weil ein frustrierter, goldgieriger und arbeitsscheuer Teenager von ihr auf etwas unkonventionelle Art und Weise bestraft wurde! Ich denke, man sollte das nicht so eng sehen!

Staatsanwalt:	Waaas? Etwas unkonventionell? Mit ca. 50 Liter Pech übergießen nennen Sie unkonventionell? Das ist reiner Sadismus! Marie, die von allen nur mehr Pechmarie gerufen wird, ist heute noch in therapeutischer Behandlung! Das Wort „Pech" bereitet ihr massive Angstzustände, wenn sie es nur hört! Neulich ist sie unglücklich auf dem Pausenhof ausgerutscht und eine nichtsahnende Mitschülerin sagte zu ihr „Pech gehabt!" Marie brach daraufhin in einen Schreikrampf aus und konnte am Unterricht wegen massiver Zuckungen nicht mehr teilnehmen! Nicht einmal die Supernanny konnte helfen!
Frau Holle:	De und Zuckungen! De is ja zum Zucken no z'faul, wenns mi frogn, Herr Richter!
Richter:	Hm. Nachdem ich die Vorträge des Staatsanwaltes und des Verteidigers sowie die Einwürfe der Angeklagten gehört habe, komme ich zu folgendem Urteil: Frau Holle wird freigesprochen! Sie hat sich nichts zu Schulden kommen lassen – im Gegenteil! Erstens schadet es dieser verzogenen Göre nicht, wenn sie für ihre Frechheit einmal die Konsequenzen tragen muss! Zweitens ist der Autofahrer schuld, wenn er bei Schneefall zu doof ist, vernünftig zu fahren, und nicht der Schnee! Und drittens sind Aufräumen, Putzen oder Betten machen keine sadistischen Qualen, sondern normale und nützliche Tätigkeiten, die auch einem 13-jährigen Kind zuzumuten sind! Die Verhandlung ist geschlossen, die Kosten trägt der Staatsanwalt!

Als ich dieses Urteil gehört habe, wusste ich: Das kann nur ein Traum sein! Leider!

Sticheleien

Kare: Schee staad langtsma! I hob de Sticheleien wega meiner Raucherei satt!
Sepp: Wieso? Wirst ebba allaweil kritisiert?
Kare: Naa, akupunktiert!

Deppen im Wald

Depp 1: Hä, aso Wanderung im Woid, hä, de is fei wos scheens, is de!
Depp 2: Ja genau! Und de Baama überall, echt super! Wiamas im Fernseh allaweil segt! Stark!
Depp 1: Du schau amol, wos do liegt! Wos isen jetza des, hä?
Depp 2: Hä, woaßt wos des is? Des san Handgranatn san des! Drei Stück! De kenn i persönlich, vo da Bundeswehr her!
Depp 1: Ey cool! Ey Handgranatn! Stark! Bumm! Sowos wollt i scho immer!
Depp 2: Ey, du host vielleicht Nervn! De miassma zu da Bolizei bringa, weil des is heiße Ware oder wiama do sagt! De kinnma ned einfach liegn lassn oder pfaltn!
Depp 1: Ned, ha?
Depp 2: Nie ned!
Depp 1: Ja, und wia bringma de zu da Bolizei?
Depp 2: Ganz einfach, hä! Du duastas in dei Hosntaschn eine und dann gemma zur Bolizei!
Depp 1: I? In mei Hosntaschn? Ey, spinnst du im Kopf oder wos? Und wenns oane zreißt?
Depp 2: Dann songma da Bolizei, mir hamma bloß zwoa gfundn!
Depp 1: Ja genau!

Schießleistungen

Kare: Biathlon schau i ganz gern o!
Sepp: Mir gfallt des aa allaweil! Bloß wenn de Weiber des Gspeiberer vom Maul außahängt, des find i a weng ekelhaft!
Kare: Des hängt owa bei de Männer aa außa!
Sepp: Scho, owa bei denen rechnetma damit!
Kare: Des stimmt! Mi erinnert ja Biathlon dodal an mei Jugend!
Sepp: An dei Jugend? Warst du aa a Biathlet?
Kare: Naa, a Fußballer! Owa des war im Prinzip so ähnlich wia Biathlon.
Sepp: Fußball? Wia Biathlon?
Kare: Ja! I hob mit'm Fußball aaf a Scheibn gschossn und hobs voll troffa. Und dann bin i grennt wia da Deifl! De Biathleten machen ja so gseng nix anders!
Sepp: Des stimmt! Do waar i aa grennt! Mi erinnert Wintersport aa an mei Kindheit! Speziell da Slalom!
Kare: Da Slalom? An wos erinnert di denn der?
Sepp: An unsern Nachbarn, wenn er vom Wirtshaus hoamkemma is!

Gesprächsbedarf

Enkel: Opa, jetza is bald wieder Weihnachten! I gfrei mi scho aaf de ganzn Gschenka!
Opa: Woaßt wos, Björn-Xaver: Des Wichtigste an Weihnachten san ned de Gschenka! Mirk dir oans: Am wichtigsten san lange Gespräche mit guade Freunde! Des is da wahre Sinn vo Weihnachten! Oder ebba ned?
Enkel: Stimmt, Opa! Drum kannst mir a neie Handykartn schenka!

Die heutige Jugend

Passant: Haaaatschii!
Kind: –
Passant: Wia sagtma denn, wenn jemand niast?
Kind: Woaß doch i ned!
Passant: No geh! Wos sagt denn die Mama zum Papa, wenn er niesen tut?
Kind: Achso! „Weilst allaweil koa Unterhemad oziagst!"

Nutzen einer Schwiegermutter

Sepp: Naxte Woch solls ja schneibn!
Kare: Mir is des wurscht! I hob aaf da Vorderachs Winterreifn draf, des langt!
Sepp: Pass bloß aaf! Wenns gscheit glatt is, dann ziagts dir hintn den Arsch vom Auto weg! Dua liawa zwoa Zentn Zement in Kofferraum eine, dann is des Auto stabiler!
Kare: Des brauchts ned! Weil in da Stod liegt selten a Schnee aaf da Straß und wennma über Land fohrn, dann sitzt meistens d'Schwiegermuada hintn drin!

Nachwuchs

Kare: Sepp, i hob ghört, dei Tochter hod an gsundn Buam kriagt – gratuliere recht sakrisch zum Enkel!
Sepp: Dankschön! A Kind hods jetza, jetza braucherts bloß no an Mo!
Kare: Der findse scho no!
Sepp: Hoffmas! Momentan wohnts halt no bei uns!
Kare: Wia hoaßta denn?
Sepp: Wer?

Kare:	Da Bua!
Sepp:	Peter!
Kare:	Des is wenigstens a vernünftiger Nam! Weil heitzudogs hoaßns ja Fritjoff oder Tokio Hotel, ein Wahnsinn!
Sepp:	Der miassert eigentlich „Kaffä" hoaßn! Des waar für den Buam da ideale Nam!
Kare:	Kaffä? Wia des?
Sepp:	Weil i wega eam scho zwoa Wocha nimmer gscheit schlaffa konn!

So waren die 70er

Es gibt in Bayern an großen Radiosender, der hat den Slogan „Wir lieben Oldies". Und de Leit vom Sender hamm zu mir gsagt: „Herr Lauerer, Sie könnten doch amal was Lustiges zum Thema Oldies schreiben. So von den Anfangszeiten der Beatles so umara 1961, 1962 – des war doch die Zeit, wo Sie als Jugendlicher in der Lederjacken und mit de Jeans in de Jugendclubs ghockt san, oder?" „Eigentlich weniger", hob i gsagt, „i bin 1959 geborn! Mit drei Johrn war i de mehra Zeit dahoam, also im Prinzip dauernd! I bin ned so old wia i ausschau, mei Plattn und mei Wampn, des täuscht!"

Des war eahna dann doch a weng peinlich, dann hamms gsagt: „Aber über die 70er, do kanntn Sie doch wos sagn, oder?"

Des konn i! De 70er, des war mei Zeit, a geile Zeit war des. Mir hamm bloß damals ned gwisst, dass des a geile Zeit war, weil des Wort „geil" hamms erst später erfunden. Cool warn de 70er aa, owa des hamma damals aa ned gwisst. Wissen Sie, wos mir damals gsagt hamm, wenn uns wos ganz guat gfalln hod? „Stark" hamma gsagt! A Deandl hod zum Beispiel stark ausgschaut, wenns schee war. Und wenns ganz schee war, dann wars „voll stark". A paar Ausnahmeschönheiten warn „saustark", owa de hamm unseroan in der Regel gar ned ogschaut, weil unseroaner war mehr des, wosma heit an „Loser" nennt. Gottseidank hods

des Wort damals aa no ned gebn – zu uns hodma no liebevoll „Depp" gsagt oder „Hanswurscht".
Der Umgang mit Deandln war ja in de 70er no völlig anders als heit! In unserer Jugend, da hats no echte Tanzveranstaltungen gebn, mit echte, lebendige Bands! De hamm damals „Musikkapelln" ghoaßn. Und de hamm dann so phantasiereiche Namen ghabt, de nach Urlaub, Ferne und Meer klunga hamm: Los Flamingos, Caballeros, El Dorados! Heit hoaßns ja wia a Gebäude (Tokio Hotel) oder wia a Geldbetrag (50 Cent) oder wia a Schizophrener (Ich & Ich). In Berlin gibts oan, der hoaßt wia a Spülmittel: Sido.

Tanzt hodma in de 70er aa ganz anders wia heitzudogs. I hobma vo meine Kinder sagn lassen, dassma se in da Disco „antanzt"! Des lafft aso, dass jeder oanzeln aaf da Tanzfläche herumzuckt und wennma an jemandem Interesse hod, dann gehtma hi und zuckt mit – völlig wortlos.
Wennma dann a Stund oder so gemeinsam zuckt hod, dann gehtma praktisch mitanand. Ab zwoa Stund isma verlobt. Wir in de 70er, wir hamm a Deandl no höflich gfragt: „Hä! Magst danzn oder ned?"
Meistens wollts ned. I persönlich hob ja nur bei de Langsamer gfragt, also bei de langsamer Tänze, ned bei de langsamer Deandln, „Je t'aime" oder „Aber dich gibts nur einmal für mich". Bei de schnella Tänze hobma i meistens a Weizen gholt. Bei de langsamer dann allerdings meistens an Korb!

In den Tanzpausen hodma dann a Currywurscht oder a Schnitzel mit Pommes gessn. Des war zwar sehr gehaltvoll, owa gottseidank hodma d'Kalorien bei uns am Land aa no ned aso kennt.
Wir hamm in den Pausen essn miassn, weil des chillen war no ned erfunden! Wenn's chillen damals scho gebn hätt, waar i nie so wampert wordn!
Und jetza kimmt da Hammer: Wissen Sie, wosma mir während dem Essen gmacht hamm? Es is unvorstellbar, aber wahr: Wir hamm graucht! Mitten im Wirtshaus! Während der Mahlzeit!

Wahnsinn! Wos mir für eine kriminelle Energie ghabt hamm! Heitzudogs daadns di eisperrn! Owa damals in de 70er, do warn alle so gesetzlos! Lord, Salem, Astor, wosma dawischt hamm! I war amal in oane, de neba mir a halberts Gockerl gessn hod, verliebt und hob aus Versehen vo da Lord Extra abbissn und wollt mei Currywurscht ozündn!

Ja, aa wenn des heit koaner mehr glaubt, wir hamm einfach graucht! Und koaner hodse beschwert! Doch, oamol: Do hod da Pfeiffer Kare sein Cousin aus Wolfenbüttel dabeighabt. Wolfenbüttel – des sagt alles! Der hod gsagt, dass eahm vo dem Zigarettenrauch de Augn brenna. Dann hamma mir gsagt „okay, des akzeptierma". Und dann hamma unsere Zigrettn ausgmacht und hamma uns Zigarrn ozundn. Der hod direkt drum gebeten, dassma wieder Zigrettn raucha! I muass zuagebn: De feine englische Art war des ned, owa wir warma halt jung!

Apropos englische Art: Unsere Eltern hamm ja in da Schul koa Englisch ghabt und drum hamm sie de englischen Liedtexte ned verstandn. Rivers of Babylon, This flight tonight, Rocking all over the World, Wig Wam Bam – des hamm unsere Eltern pauschal als Negermusik bezeichnet. So ein Schmarrn! Erstens is des rassistisch und zwoatens hamm des alles Weiße gsunga! Des Problem war einfach des, dass unsere Eltern des Englisch ned verstandn hamm.

Wir dagegen von da damals jungen Generation, wir hamm in da Schul scho Englisch ghabt – und hamm de Texte trotzdem ned verstanden. Also i, i hob immer bloß de ersten Zeilen mitsinga kinna, dann hob i mit „dadada" weidagsunga. „Rocking all over the World" zum Beispiel vo Status Quo: „Here we are, here we are and here we go, dadadadadadada, here we go-o, rocking all over the world". I woaß des heit no ned, wias weidageht!

Owa es waren schöne Zeiten! Mir san nach Nürnberg gfahrn zum Status-Quo-Konzert. 1978, i war da Fahrer. I war in da Clique da oanzige, der wos mit 19 scho a Auto ghabt hod – an VW Käfer. Heit hamms ja mit 18 scho an BMW, weil lesen kinnans ned, owa leasen!

Aso a Käfer, der war ideal für an zwischengeschlechtlichen Kontakt! Weil mit da Freindin dahoam aafs Zimmer – unmöglich! De Eltern hätten di enterbt! Do war dann a Auto günstig. Wia gsagt, i war da oanzige in da Clique, der mit 19 scho a Auto ghabt hod, allerdings war i aa da oanzige, der mit 19 no koa Freindin ghabt hod. Und dabei hätt mei Käfer Liegesitze ghabt! Völlig sinnlos! Obwohl, völlig sinnlos ned! Weil i hob dann für 5 D-Mark Miete pro angefangene Stund den Käfer an meine Freind verpachtet, bei denen frauenmäßig scho wos ganga is. I hob derweil a Currywurscht gessn, do leid i heit no drunter – also physisch; psychisch howes zwischenzeitlich verarbeitet!

Wenn amal am Samstag koa Tanzveranstaltung war, dann hodma Fernseh gschaut. Und zwar alle des Gleiche, weil man hod bloß oan Fernseh pro Haushalt ghabt! Damals hamm no Familien Fernseh gschaut, koane Zielgruppen!
„Am laufenden Band" mit'm Rudi Carell war mei Lieblingssendung. Kennens des no? Do hammse d'Leit gfreit, wenns an Toaster gwunna hamm oder a Kofferradio oder a Reise nach Südtirol oder a Fragezeichen. Heit sans maßlos enttäuscht, wenns beim Jauch bloß 16.000 Euro eisackln, weil da Durchschnittskandidat 50.000 Euro Schulden hod.
Übrigens: Wir hamm damals beim Fersehschaun aa a Schüssel ghabt – owa koa Satellitenschüssel, sondern a Plastikschüssel mit Chips aaf'm Wohnzimmertisch! Und Cola, weil Cola-Light hods ned gebn. Es hod insgesamt drei Programme gebn und zwar folgende: Des erste, des zwoate und des dritte. Do san schöne Sendungen kemma, ab und zu unterbrochen durch a Ansagerin. Heitzudogs kimmt ja Werbung, ab und zu unterbrochen durch Wiederholungen vo Serien aus de 70er.
Um 24 Uhr war Sendeschluss und dann isma ins Bett ganga und hodse drum kümmert, dass de Bevölkerungspyramide stimmt. Heit wird 24 Stund durchgesendet, man kimmt nimmer ins Bett und des is meiner Meinung nach der Hauptgrund für de Überalterung und de katastrophalen Geburtenzahlen!

Mit 894 verschiedene Fernsehsender bist ja sowieso zum Wahnsinn verurteilt. Alloans de Gewinnspiele! Do hoaßt dann die Frage: „Nennen Sie einen weilichen Vornamen, der mit ‚Rena' beginnt und mit ‚te' endet!" Erster Preis 200 Euro in bar und ein Wochenende in einem Swingerclub Ihrer Wahl! Dann ruafan zwoa Stund lang a paar tausend Idioten o, pro Anruf 49 Cent, und koaner woaß die Antwort. Is ja aa logisch: Wer so dumm is, dass er do oruaft, der is aa so dumm, dass er den Namen „Renate" ned kennt!

Des mit der Dummheit, des is sowieso a Riesenproblem!
Schauns her, in den 70ern, do hamma „Bezaubernde Jeannie" ogschaut. Do war da Hauptdarsteller aso a bauchige Flasche, aus dera is a Geist außakemma.
Heitzudogs wenn i aaf an Privatsender a Talkshow oschau, do san de Hauptdarsteller zwar aa Flaschen, meistens sogar sehr bauchige; de kinnan sogar reden, owa irgendwos, wos mit Geist zum dua hod, is do no vo koaner ausakemma!

Und de Krimis! De warn in de 70er einfacher und besser. „Der Kommissar" zum Beispiel: Do warn de Polizisten, des warn de Guadn. Dann der Mörder, des war da Böse. Und des Opfer, des war tot. Und am Schluss hamm de Guadn den Bösen dawischt und er hod vom Richter lebenslänglich kriagt.
In da heitigen Zeit is des anders: Der Mörder is zwar immer no da Mörder, owa ob er böse is, des woaßma ned gwiss, weil er is in einer psychischen Ausnahmesituation und außerdem hod er als Kind gseng, wia a Sau gschlacht wordn is. De Polizisten san per Du mit jedem Zuhälter und jeder zwielichtigen Gestalt in da ganzn Stod und des Opfer wandert nach Kanada aus und macht a Doku-Soap draus. Am Schluss kriagt da Richter lebenslänglich, weil er aaf sein Dienstcomputer Daten vo Verbrecher illegal gspeichert hod. Es is einfach alles viel komplizierter wordn!

Apropos kompliziert:
Kinnan Eahna Sie no erinnern, wia einfach des früher war, wennmase mit da Clique verabredet hod? Man hodse am Nachmittag

zammtelefoniert und um sieme aaf d'Nacht hodmase troffa und is furtganga mitanand.
Des konnst du heit vergessen! Oana is ned erreichbar, weil er sei Handy ausgschalt hod; da Ander hods zwar eigschalt, owa er hod koa Netz; beim dritten is da Akku laar und da vierte hod sei Lieblingsmusik im Ohr und hört vo Haus aus nix.
Jetza sogn Sie vielleicht, man kannt ja dann dahoam am Festnetz oruafa wia früher in den 70ern. Vergessens des! Keine Sau is dahoam! Oaner is im Fitnesscenter, oaner beim Reiki und nächste is im Chat!
Überhaupt: Chat – des is da Wahnsinn!
Wenn du früher wampert warst und ned bsonders schee, so wia i in etwa, dann hod des jeder gseng und jeder gwusst. Und drum warst du relativ seelisch ausgeglichen, weil du gwusst host, dass jeder woaß, dass du wampert und ned bsonders schee bist.
Owa heitzudogs mit dem Chat, des is da reinste Betrug! I hob an Bekannten, der hod an Sohn, der is 16, hoaßt Konrad, hod 108 Kilo und ungefähr genauso viel Pickel im fettigen Gsicht.
So, und wos duat da Konrad? Anstatt, dass er ins Training geht, dass sei Wampn kloaner wird, geht er liawa in den Chat. In jeder freien Minutn chattet da Konrad! Owa da Konrad is im Chat ned da Konrad, naaa – er is da Marc! Und er hod ned 108 Kilo, sondern an Traumbody!
Und er is aa ned Sauborstenzammkehrer im Schlachthof, sondern Eventmanager. Und weil er rein elektrisch aso a Supertyp is, hod er im Chat oane kennaglernt. Desiree hoaßts, blond is, schlank, 19 Johr und a Dessousmodel. De wird schaun, falls sie amol den Konrad in natura segt! Obwohl, wos da Konrad konn, konn theoretisch a Deandl aa! Wahrscheinlich hoaßt d'Desiree Kreszenz, is rothaarig, an Meter 46 groß und damit breiter als hoch, hod a Stimm wia a Kreissäg und is Hilfsspülerin im Dönerstand. Dann gleichtse alles wieder aus und de zwoa passen ganz guat zamm!
Do hodmase in de 70er Jahre scho leichter do, weil do san oam solche Schocks normal erspart blieben, denn man hod no mit echte Leit gred, ned mit elektrische. I denk heit no gern zruck an Schlaghosen, an Sweet, Slade, T. Rex oder Abba. Guat, heit sam-

ma zwar scho 50 und leicht drüber, owa trotzdem wars eine Traum-Zeit, oder?

Apropos Traum:
Wos glaubns, wos mir vor kurzem passiert is: I sitz in an Bistro und rink an Cappuccino, kemman zwoa bluatjunge bildsauberne Deandln eina. Zwoa junge Burschen sitzen an da Theke und sogn: „Ey, kemmts her zu uns, ihr zwoa Hübschen!" Und wos machan de Deandln? Sogn eiskolt „wir lieben Oldies" und setzen sich zu mir her. I hobma denkt „Saxndi, der Tag ist gerettet!"

Owa dann isma wos frustrierendes passiert: I bin aafgwacht und war mit meinem Bandscheibenkissen dahoam am Kanapee!

Bitteres Ende

Sepp: Und? Wos treibst an de Feierdog?
Kare: Am Heiligen Abend samma dahoam. Do gibts Bratwürscht mit Kraut und als Nachspeis a Tiramisu und a Marlboro!
Sepp: Des is wos Feins!
Kare: Scho. Und am ersten Weihnachtsfeierdog samma bei da Schwiegermuada. Do gibts Schnitzel mit Pommfritz und als Nachspeis a Tiramisu!
Sepp: Jawoll! Gibt nix bessers als wos guads!
Kare: Eben! Am zwoatn Weihnachtsfeierdog samma bei meiner Schwester. Do gibts a Schweiners mit Kraut und Knödel und als Nachspeis …
Sepp: A Tiramisu!
Kare: Naa, Windbeidl!
Sepp: Aa ned schlecht!
Kare: Ja, und dann is eh scho wieder Sunnta! Do samma bei da Nachbarin zum Kaffä eigladn. Do gibts Plätzln und natürlich koa Nachspeis, des is klar!

Sepp:	Logisch! Konns guat bacha, d'Nachbarin?
Kare:	Wia d'Sau! Ein Gedicht!
Sepp:	Aso a Nachbarin is wos wert! Do is dann des Äußere zweitrangig!
Kare:	Des Äußere is mir bei dera wurscht, de is 67! Und am Montag samma dann beim Doktor Forster!
Sepp:	Wos gibts do?
Kare:	Tablettn gega Sodbrenna!
Sepp:	Und als Nachspeis?
Kare:	Depp!

Neumodisches Zeug

Jennifer:	Ey Schaklin, mei Oma, ey, de is zwar aso voll in Ordnung, owa bläd is fei scho! Irgendwie.
Jacqueline:	Dei Oma? Bläd?
Jennifer:	Genau de! Ey, dauernd hods mi gfragt: „Jenny, jetza sog amol, wos du dir zu Weihnachten wünschst!"
Jacqueline:	Des is doch ned bläd, ey! Des is doch voll guat, wennma a Oma hod, de in oan investiert! Ey bläd is des ned! I sog allaweil: „Der Oma ihrer Geld ist gut, wenn sie es mir geben tut!" Des is mei Devise, so.
Jennifer:	Owa mei Oma hods ned checkt! Null! Ey, i moch mei Gschenk aaf – i hobma scho denkt „ey fix, is des eine drum Schachtel" – owa okay, im Endeffekt is ja d'Schachtel wurscht!
Jacqueline:	Dodal!
Jennifer:	Und jetza halt di fest: Ey, woaßt, wos drin war? I hobma denkt, i kimm vom Kind! Ey, Albtraum, ey!
Jacqueline:	Wos war denn drin?
Jennifer:	A Edelstahltopf!

Jacqueline:	Ey wos?
Jennifer:	A Edelstahltopf!
Jacqueline:	A Edelstahltopf? Ey, is de krank im Kopf oder wos? Hod de ned alle Flaschen im Kasten?
Jennifer:	Also normal is de normal. I hobs gfragt: „Ey Oma, bloß amol a Frage – wos soll des darstellen?" Dann sagts: „Jenny, do konnst jetza jede Menge Eier kocha! Des is ein Riesenpott! Den hosta doch aso gwünscht!"
Jacqueline:	Ey, i raffs ned! Wieso host du dir an Edelstahltopf gwünscht zum Eierkocha? Host du wos Schlechts graucht oder wos?
Jennifer:	Naa, natürlich ned! I hob mir doch koan Topf gwünscht! Owa schuld bin i trotzdem an dem Schmarrn!
Jacqueline:	Du?
Jennifer:	Ja, i. I hätt ihr mein Wunsch ned bloß mündlich sogn solln, sondern aafschreibn, dann waar des ned passiert! Weil de hod des akustisch ned checkt!
Jacqueline:	Ja kruzenäsn, wos host du dir denn gwünscht?
Jennifer:	An neia I-Pod!

Im Kaufhaus

Lautsprecher:	Hey Kids! Hier gibts günstige Last-Minute-Geschenke für Mum and Dad! Holt sie euch und Christmas ist gerettet!
Kare:	*Zu seiner Frau:* So ein Schmarrn! Kinnan de des ned aaf Deitsch sogn?
Kares Frau:	Aaf Deitsch? Wia hoaßt den Last-Minute-Geschenke für Mum and Dad aaf Deitsch?
Kare:	Parfüm und Rasierwosser!

Falsche Antwort

Sepp: In drei Dog is Weihnachten! Pass fei aaf, Kare!
Kare: Aafpassen? Wieso aafpassen? Aaf wos soll i denn aafpassen?
Sepp: Aaf die Ehe! Woaßt denn du des ned? An Weihnachten san de meisten heftigen Ehestreitigkeiten! Des is erwiesen!
Kare: Ah geh!
Sepp: Ja, wennadas sog! Weil aso a Fest wia Weihnachten, des is quasi a psychische Situation, grod für a Frau! Du muasst deiner Frau an Weihnachten immer Recht gebn! Nie widersprechen, dann konn nix passiern!
Kare: Aso a Schmarrn!
Sepp: Des is koa Schmarrn, des is a Tatsach!
Kare: A Schmarrn is's! Letzts Johr is bei uns am Heiligen Abend a Wahnsinnsstreit entstanden. Und des bloß, weil i meiner Frau Recht gebn hob!
Sepp: Ehrlich? Wia des?
Kare: I hob ihr a goldene Halskettn gschenkt. Dann hodses auspackt und hod gsagt: „Omei Kare, is des a scheene Kettn! Sowos Scheens hob i ja gar ned verdient!" Dann hob i gsagt: „Do host du recht!"

Hang zum Hängen

Oma: Du Markus, wos bist jetza du? A Frickl-Eimer?
Enkel: Naa Oma, koa Frickl-Eimer! A Free-Climber bin i!
Oma: Und wos is nacha des genau?
Enkel: I kraxel aaf Berg affe ohne Seil und ohne Haken!
Oma: Ja und? Des is doch nix bsonders ned! I bin aa scho am Arber affegstiegn ohne Seil und ohne Haken – einfach aso, mit meine eigenen Fiaß!
Enkel: Oma! Des is doch ganz wos anders! Ned so Berge wia da Arber, richtige Berge! In de Alpen! I kraxel ja am aller-

	liawan in de Dolomiten in Südtirol! Des san Berg mit 3000 Meter und mehr! Blanker Fels!
Oma:	No geh! Und des gfallt dir. Wennst do aso affekraxelst ohne Seil und ohne Haken?
Enkel:	Des is wia a Sucht! Wennma do so am Fels hängt, nur ghaltn vo da eigenen Kraft in de Händ und in de Finger! Des is ein Körpererlebnis pur! Des konnma gar ned beschreibn!
Oma:	Also Sachen gibts! Und vo wos lebst nacha? Vom Umanandahänga am Felsen konn doch koa Mensch ned lem!
Enkel:	I scho! Mir drahma allaweil so Dokumentarfilme und de wern dann im Fernseh gesendet oder mir machma a DVD und verkaffa de an Berg- und Wanderfans. Und i, i bin praktisch da Hauptdarsteller und kriag dann Tantiemen!
Oma:	Owa a Geld kriagst scho aa, oder?
Enkel:	Tantiemen san ja a Geld!
Oma:	Aso! I hobma denkt, des war wos zum essn! Do konnst bloß hoffa, dass no lang gnua Bläde gibt, de wos des gern oschaun, wenn oaner am Felsen dranhängt! Weil solang wos solcherne gibt, bist du aaf da sichern Seitn!
Enkel:	Für sowos wirds immer Interessenten gebn, weil Free-Climbing is a Trendsportart!
Oma:	Omei Markus, du bist mir scho oaner! *Es läutet.* Oha, gleit hods! Jetza kimmt d'Renner Res aaf an Kaffä! De kimmt jedn Dog um zwoa, dann ratschma a weng und trinkma an Magenmilden, d'Res und i!
Enkel:	Dann will i ned länger störn. I muass sowieso wieder weida! Da Sepp und i fahrma des Wochenende aaf Brixen!
Oma:	Hängst nacha do wieder an de Berg dran?
Enkel:	Genau, Oma! Also – servus!
Oma:	Pfiade Markus! Pass aaf, dass'd ned owafollst! Weil 3000 Meter, do konn leicht da Haxn brecha!
Enkel:	I pass scho aaf, Oma! *Enkel geht hinaus, Res Renner kommt herein.*
Res:	Griasde Klara! Trinkma wieder a Kaffätscherl mitananda?
Oma:	No freilich Res! Wia alle Dog!

Res: Jaja, mir und unser Kaffätscherl! Du, war des ned da Markus, dei Enkel?
Oma: Jaja, des wara, da Markus! Groß is er wordn, gell?
Res: Ja, a richtiger Mo! Wos macht er denn beruflich, da Markus?
Oma: Du, obstas glaubst oder ned: Der hängt bloß umananda und kriagt aa no a Geld dafür!
Res: Jaja, es is a Kreiz! Mei Neffe is aa arbeitslos!

Geburtenrückgang

Sepp: Mei liawa, wo soll des no hiführn!?
Kare: Wos?
Sepp: Allgemein! Früher, do host du di als Enkel gfreit, wenn du vom Opa wos kriagt host! Und heit?
Kare: Wos is nacha heit?
Sepp: Heit muasst du di als Opa gfrein, wenn du überhaupt an Enkel kriagst!

Unterhaltung am 15. Dezember

Kare: I hob glesn, dass 50 Prozent aller Bundesbürger scho's Weihnachtsgeschenk fürn Partner hamm! Glaubst du des?
Sepp: Des glaub i scho. Weil de andern 50 Prozent, des san d'Männer!

Geschenkeflut

Sepp: Omei, morgn is wieder Heiliger Abend! Bei uns kriagt am meisten mei Frau!
Kare: Bei uns kriagt am meisten mei Tochter!
Rudi: Bei uns mei Sohn!
Heinz: Bei uns d'Papiertonne!

Lichtgeschwindigkeit

Sepp: I moch doch momentan bei da Volkshochschul an Astronomiekurs.
Kare: Is des der Schmarrn mit dem Horoskop?
Sepp: Naa, des is d'Astrologie! D'Astronomie is die Lehre von den Himmelskörpern. Also Weltraum und des ganze Zeig.
Kare: Dann gehts ja no! Weil des mit dera Wahrsagerei is in meine Augn ein Riesenbschieß! Woaßt, wenn i in da Zeitung les „wenn Sie heute Ihr Bestes geben, dann kann es ein guter Tag werden oder auch nicht", dann glangts mir scho wieder! Lauter Deppen!
Sepp: Is scho klar. Owa des hod mit mein Kurs nix zum dua. Gestern warma in da Sternwarte! Hä, des is vielleicht ein Wahnsinn! Und wosma do alles segt! Do segtma Stern, de gibts gar nimmer!
Kare: Wos? Warts ihr vorher im Wirtshaus oder wos? Stern gseng, de wos gar nimmer gibt – i glaub, ehs habts alle an Batscher!
Sepp: Des san Tatsachen! Des is wega da Lichtgeschwindigkeit! De Stern, de san so weit weg, dass des Licht so lang braucht, dass du den Stern erst segst, wennsna scho zrissn hod! Aso is des, des hod da Kursleiter eigenhändig gsagt! Du, des is faszinierend: Do segst wos direkt vor dir, owa eigentlich is des scho weg!
Kare: So faszinierend is des aa wieder ned! Des gleiche Phänomen erleb i jeds Monat mit'm Gehalt aaf mein Kontoauszug!

Es gibt Kettensägen und Kreissägen. Zur rechten Zeit am rechten Ort eingesetzt, sind sie ein hervorragendes Mittel, seine Mitmenschen zu ärgern. Dies gelingt aber auch Sägen, die nicht zu den Maschinen oder Werkzeugen gezählt werden. Man kennt sie und es gibt viel zu viele davon – die Nervensägen.

Im Kino

A: Is do no frei?
B: Ja, scho, meinetwegen. Owa eigentlich is fast des ganze Kino no frei, weil es sitzen ja maximal 20 Leit herin. I moan bloß!
A: I sitzme trotzdem neba Eahna hi! Weil wissens, es is guat, wennma an Kunstgenuss mit an Mitmenschen teilt. Oder wos moanan do Sie? Des is doch viel scheener als alloans!
B: Mir is des eigentlich wurscht!
A: Ja guat, aso konnmas aa segn!
B: I zum Beispiel segs aso!
A: „Jedem das Seine" sog allaweil! „Des Menschen Wille ist sein Himmelreich." Oder?
B: Genau! Wer zuletzt lacht, den beißen die Hunde!
A: Hahaha! Des war guat! Weil eigentlich hoaßt des „lacht am besten"! Des war echt guat! *Kurze Pause.* Äh …, essen Sie ebba do a Popcorn?
B: Ja, des hobama an da Kasse vorn kafft, do is aso a Imbiss. Eis und Popcorn!
A: Aha! Lassenses Eahna schmecka!
B: Jawoll, des mache! Dankschön!
A: Obwohl …
B: Wos obwohl? Wollns aa oans?
A: Naa, um Gottes Willn! I moan bloß, wega dem Zucker!
B: Dem Zucker?
A: Ja, dem Zucker! Weil im Popcorn is recht viel Zucker drin! Des is ganz schlecht für d'Zähn' und aa wega da

	Diabetes! Offana Fiaß, Amputation, man muass do wahnsinnig Obacht gebn!
B:	Do kinnans beruhigt sei, weil mei Popcorn is mit Salz!
A:	Salz! Achso! Ja dann!
B:	Eben!
A:	Des is dann mehr in Richtung Schlaganfall!
B:	Wooos?
A:	Weil Salz is schlecht für d'Gefäße! Und wennma zu viel Salz isst – peng! Und scho hods a Gefäß zrissn! De san oft dünner, alsma glaubt!
B:	So schlimm wirds nacha scho ned sei, wennma ab und zu a Salz isst! I iss ja ned jeden Dog a Pfund Popcorn! Gelegentlich halt, im Kino und am Volksfest.
A:	Steter Tropfen höhlt den Stein! Des hod mei Opa allaweil gsagt. Drum hod er recht gsuffa, weil er hod Gallensteine ghabt!
B:	Des is natürlich die Lösung! Gallensteinentfernung durch Saufen! Ideal! Unsere Großeltern hamm halt no a Gfühl ghabt für a gsunde Lebensweise! Sogns Eahnan Opa an scheena Gruaß! Hut ab!
A:	Mei Opa is recht friah gstorbn! D'Leber – total porös!
B:	A geh? Jamei, es geht halt ned allaweil guat aus, gell!
A:	Meistens ned! Drum trink ja i koan Alkohol ned! I leb recht bewusst – grüner Tee und naturtrübe Obstsäfte! Und sehr viel Wasser! Es gibt a Faustregel: „Am Tag drei Liter Flüssigkeit ist für die Niern die größte Freid'!"
B:	I kenn aa oane: „Gib dem Körper Alkohol und er fühlt sich pudelwohl!" Haha! Lustig, gell!
A:	Lustig vielleicht, aber tödlich! Drum konn i ned drüber lacha. I hob mein Opa nie kennaglernt und schuld war der Alkohol! I konn do nicht lacha!
B:	Jamei, sterbn miassma alle amol – da oane früher, da andere später!
A:	Sie früher, i später!
B:	Mei, woaßmas? So, jetza pssst, da Film geht o!

A:	A geh? I gfrei mi scho! Wissens, i bin ja a totaler Fan vo da Veronika Ferres!
B:	De spielt owa do gar ned mit!
A:	Des macht ja nix, owa i bin a Fan vo ihr!
B:	Aha! Und wos sogns zu dem Film?
A:	Zu wos für oan?
B:	Zu dem, der wos do lafft!
A:	Wos lafft denn dann für oaner?
B:	Ja wissen Sie ned, wos für a Film do heit zoagt wird?
A:	Naa, woaß i ned! Wissens, i bin a spontaner Mensch! Ich liebe quasi die Überraschung! I kaafma a Kartn für Kino Nummer 4, sitzme eine und lass mi überraschen! I bin wahnsinnig spontan!
B:	A geh! Und wenns a totaler Schmarrn is?
A:	Des glaub i ned, weil sunst daadn ja Sie ned herinsitzen, oder?
B:	Des is aa wieder wahr!
A:	Also!
B:	Ja Moment – Sie hamm doch des gar ned gwusst, dass i do herinsitz, wia Sie de Kartn kafft hamm!
A:	Jetza hamms mi durchschaut! Naa, i bin einfach wahnsinnig spontan! „Das Leben ist eine Wundertüte" is mei Devise!
B:	Aha! So, jetza samma owa leise, weil jetza lafft scho da Film! Des is a amerikanischer Actionfilm!
A:	Also der Clint Eastwood, der wird aa ned älter!
B:	Des is da Tom Cruise!
A:	Ach drum! Des is natürlich logisch, dass da Clint Eastwood wahnsinnig jung ausschaut, wennas gar ned is!
B:	Logisch!
A:	I persönlich find ja, dass de Schauspieler zu viel verdienen!
B:	Pssst!
A:	Omei, Entschuldigung! Bloß no eine kurze Frage: Wos schätzen Sie, wos da Tom Cruise für so an Film kriagt?

B: Keine Ahnung! A poor Millionen wahrscheinlich, owa des is mir wurscht!

A: Des is ja des! Eahna is des wurscht, owa Sie zahln des!

B: I? I zahl des ned!

A: Ja natürlich, mit dem Eintrittsgeld fürs Kino zahln Sie des!

B: Sie owa aa!

A: Scho, owa ned bewusst! I hob ja beim Kartenkauf ned gwusst, dass der mitspielt, owa Sie hamms gwusst!

B: Ja guat, dann howes halt gwusst! Des is mir dann aa scho wurscht! I will jetza den Film genießen! Pssst!

A: Genau, genießma den Film! Owa des wissens scho, dass da Tom Cruise beiana Sekte is?

B: Des isma aa wurscht! A guada Schauspieler isa und da Rest interessiert mi ned! Ob der evangelisch is oder griechisch paradox, des is sei Sach! Hauptsach, er is a guada Schauspieler!

A: Do hamms aa wieder recht! In „Titanic" war er ja super! Wia der aaf d'Letzt dasuffa is – ein Genuß!

B: Des war da Leonardo di Caprio! Und der is ned dasuffa, sondern dafrorn!

A: Noja, des is ned sicher! Vielleicht hod er no glebt, wia er unterganga is, dann waar er dasuffa. Owa wer woaß des scho? Und samma uns ehrlich: Im Endeffekt lebt er ja no! I hobna kürzlich erst aaf VOX gseng!

B: Ja genau! Pssst, jetza wirds spannend!

A: Aahh! Dann muass i staad sei! *Ganz kurze Pause.* Da Leonardo di Caprio is ja vo de Ahnen her a Deitscher!

B: *Geistesabwesend:* Aha!

A: Koa Bayer, owa immerhin a Deitscher! Sie, i denkma fei des oft: An direktn Amerikaner gibts ja eigentlich gar ned! Weil de san ja alle irgendwo herkemma. Deitsche, Franzosn, Engländer, Iren, des san de wahren Amerikaner. Und natürlich a poor Näga, owa de hamms erst später gholt wega da Baumwolle, weil de d'Hitz besser ver-

	trogn. Es is dann doch verbüffend, dass se de aaf Amerikanisch als gemeinsame Sprache geeinigt hamm!
B:	*Geistesabwesend:* Ja genau!
A:	Wennmas ganz genau nimmt, dann gibts ja Deitsche und Franzosn aa ned! Sie, des is fei faszinierend! Mi daad des wahnsinnig interessiern, wer mei Vorfahre war – so vor 2000 Johrn. Wars a Römer, a Germane, a Wikinger, a Kosova-Albaner – man weiß es nicht! Wos moana Sie, wos Eahna Urahn väterlicherseits vor 2000 Johrn war?
B:	*Immer noch geistesabwesend, da den Film anschauend:* Ja genau!
A:	Wos genau?
B:	Ah …, wos hamms gsagt? I hob grod den Film ogschaut!
A:	Wega de Urahnen hob i gfragt!
B:	Wega de Urahnen? De mein san scho gstorm!
A:	Is klar! Owa i moan bloß, des waar scho interessant, wennma wissert, woma im Endeffekt eigentlich herkimmt. Möchten Sie des ned wissen, wo Sie herkemma?
B:	I woaß ja, wo i herkimm – i kimm vo Passau!
A:	Naa, do hammsme falsch verstanden! I moan, vom Ursprung her, vo de Urahnen! Vor 2000 Johrn!
B:	Mei, des woaß i ned, des is scho so lang her!
A:	Jaja, de Zeit verrinnt unerbittlich! Für uns 2000 Johr, für die Ewigkeit a Sekunde! Wo kommen wir her, wo gehen wir hin?
B:	Also i hobma denkt, i geh heit amol ins Kino!
A:	I moan des historisch, vo da Evolution her!
B:	Also i glaub, dass meine Vorfahren vor Urzeiten Fische warn!
A:	A geh? Wia kemman Sie jetza do draaf?
B:	Weil i hob heit no Schuppen wia d'Sau!
A:	War des jetza a Witz oder wos?
B:	Ja!
A:	Hahaha! Der war guat! Sie hamm an Humor, des muassma Eahna lassn!

B: Gell! Owa jetza sans bittschön staad, i daad gern den Film oschaun!

A: Hahaha! Fische! Schuppen! Aaf des muassma erst amol kemma! *Kopfschüttelnd:* Ja gibts des aa! *Kurze Pause.* Um wos gehts nacha in dem Film?

B: Des is schwierig zum erklärn. Schauns einfach zua, dann blickens bald durch! Da Tom Cruise is aaf jeden Fall bei de Braven dabei! Bei de Guten!

A: Guat, brav, schlecht, böse, des is alles relativ! Wos für oan guat is, des is für'n andern schlecht! Oaner hod an Nutzen, da ander an Schaden! Schauns her: Die Sau stirbt, aber da Metzger hod ein Einkommen und Sie an Schweinshaxen! Zwoa hamm an Nutzen und de arme Sau zahlt die Zech! Des is alles relativ!

B: Ja scho. Owa a Film, der is doch aso aufbaut, dass's Brave gibt und Böse. Und zum Schluss gwinna allaweil de Braven!

A: Happy End moanan Sie?

B: Jetza hammses gsagt – Happy End! Es gibt immer a Happy End!

A: *Schluchzt.* Ned immer!

B: Wos isen?

A: Im Film gibts vielleicht immer a Happy End, owa im Leben nicht!

B: Des is klar! Das Leben ist kein Film ned!

A: *Immer noch weinerlich:* Naa, leider ned. Des woaß i aus leidvoller Erfahrung!

B: A geh?

A: Ja! Es is nämlich wega meiner Frau! *Schluchzt.*

B: Is krank?

A: Naa, pumperlgsund! Owa weg!

B: Weg? Wos weg?

A: Sie is vorgestern auszogn! Einfach aso! D'Schildkrötn hods aa mitgnumma!

B: Hods ned gsagt, warum?

A: Mei, wahrscheinlich, weil's ihra Schildkrötn war!

B: Naa, i moan, warum dass sie auszogn is!
A: Kein Wort! Heit hodsma a SMS gschriem!
B: Immerhin!
A: Wissen Sie, wos de mir gschriem hod?
B: Naa, woher soll denn i des wissen?
A: Sie hod gschriem, mit mir konnma ned zammlebn, weil i a Nervensäge bin! Kinna Eahna Sie des vorstelln? I a Nervensäge? Nach acht Jahren Ehe schreibt de mir, i bin a Nervensäge! Kinna Eahna Sie des vorstelln?
B: Naa, des konn i mir ned vorstelln! Also do brauchert man an Menschen, der wos sowos psychologisch analysiern konn!
A: Genau! So oan brauchert man do!
B: Es is nicht zu fassen, wos Sie für ein Glück hamm, i kenn oan!
A: Ehrlich?
B: Ja! Und jetza kimmt da Höhepunkt: Der is in dem Kino herin! Segn Sie den Mo in da vorletzten Reih in dera brauner Jackn?
A: *Dreht sich kurz um.* Ja, den sege!
B: Des is mei Nachbar, der duat wahnsinnig gern diskutiern und philosophiern! Dem miassns des genau erzähln, owa wirklich alle Details! Dann schauns amol, wos er sagt zu dem Fall!
A: Soll i einfach zu dem higeh?
B: No freilich, denkens Eahna nix! Wia gsagt, der diskutiert gern!
A: Ja guat, dann geh i hintere zu eam. Wiederschaun! Und vielen Dank!
B: Gern gscheng! Wiederschaun. *Zu sich selbst:* Heit in da Friah um sechse hod mir mei Herr Nachbar mit seiner Kreissäg' den Samstagmorgen verdorbn! Und jetza verdirb i eam mitana Nervensäg den Samstagabend! Des hätt i ned glaubt, dassma mir so schnell wieder quitt werdn!

Gaudibursch

Sie:	Jetza kimm halt Hans, mir miassma zum Feierwehrball! Um achte geht er los und jetza is scho viertl vor!
Er:	Ja, i kimm glei! I muass bloß no wos herrichtn! Glei ho-wes!
Sie:	Wos duast denn do? Des san doch deine Einlagen für d'Plattfiaß!
Er:	Genau!
Sie:	Und wos willst mit denen?
Er:	Do mal i jetza mit am Filzstift a lustigs Gsicht drauf!
Sie:	Sog amol, spinnst du komplett? Wos soll denn des?
Er:	Und dann nimm i de Einlagen zum Ball mit! Des wird a Gaudi!
Sie:	Ha? Wieso wird des a Gaudi?
Er:	Aaf da Einladung zum Ball steht doch drauf: „Um lustige Einlagen wird gebeten"!

Auf der Kartbahn

Sepp:	Gestern war i mit mein Wei aaf da Kartbahn!
Kare:	Eam schau o! Und?
Sepp:	Gfohrn samma!
Kare:	Do schau her! Des hätt i ned erwartet! Gfohrn seids!
Sepp:	Und Sie hod gwunna!
Kare:	Wos?? Sie hod gwunna? Wia konn denn sowos passiern?
Sepp:	Weilma do ned ruckwärts eiparka muass!
Kare:	Stimmt!

Idealberuf

Kare: Oans is klar: Mei Frau wenn zur Müllabfuhr geh daad, de daad a mords a Karriere macha! De is do dermaßen guat geeignet für den Job!
Sepp: Wia des?
Kare: Weil de kümmertse um jeden Dreg!

Schlechte Beratung

Sepp: Do verlangens an Haffa Geld, de Herren Ärzte, und dann? Dann beratens di dodal schlecht!
Kare: Ehrlich?
Sepp: Schau mi o, i bin des beste Beispiel! I geh zum Doktor, weil i beim Treppensteign allaweil aso schnaufa muass. Sagt da Doktor zu mir, des is da Bluatdruck und der kimmt vo mein Übergwicht und des kimmt vom Bewegungsmangel.
Kare: Des hörtse owa logisch o!
Sepp: Jetza pass aaf! I frog mein Doktor, wosma dagegen macha konn. Sagt er: „Kaufen Sie sich ein Trimmrad!"
Kare: Und? Hosta oans kafft?
Sepp: Freilich! Wenns da Doktor sagt! 799 Euro hod des Trumm kost! Owa helfa duats gar nix!
Kare: Gar nix?
Sepp: Null! Des hilft erst, wennma damit fohrt. Owa des hod er mir ned gsagt! Weil dann hätt i mir nämlich gar koans kafft!

Falscher Inhalt

Kare: Wos schaust denn so zwider, Sepp?
Sepp: Omei Kare, frage nicht! Es is ein Elend! I geh gestern in unsern Keller owe und wos seg i? Da ganze Keller voller Wasser! Ein Drama!
Kare: Do bist owa selber schuld, wennst den ganzen Keller voller Wasser host! I hob in mein a Bier drin!

Traumberuf

Rudi: Omei! Wenn i aso zruckdenk! I wollt allaweil a Gitarrist wern und de junga Deandln mit mein Instrument begeistern! Und wos is draus worn? Bis heit hob i koa Gitarrn ned!
Fonse: Is ja bei mir des Gleiche! I wollt a Drummer wern inana Rockband! Und i wollt, dass de Deandln vor lauter Begeisterung ehra Unterwäsch zu mir aaf d'Bühne werfan, wenn i trumml! Bis heit hob i koa Schlagzeig ned!
Kare: Mei Bruader, der hods gschafft! Der wollt scho allaweil die Massen mit an Blasintrument narrisch macha. Und des is eam voll gelungen!
Rudi: Ehrlich? Isa a Trompeter?
Kare: Naa, a Schiedsrichter!

Inkompetenz

Oma: No Karlheinz, wia gehts da denn allaweil?
Enkel: Ach, i kanntme aso über mein neia Chef aafregn! Der Mann is dodal inkompetent! Des is fei ned einfach, wennst mit so oam zammarbeitn muasst!
Oma: Des glaube! Wia alt isa denn, dei Chef?
Enkel: 36!
Oma: A geh! So jung und scho a Blasenschwäche!

Sprachgenie?

Kare: Is jetza des wahr, wos i ghört hob? Du machst an Chinesisch-Kurs an da Volkshochschul?
Sepp: Genau!
Kare: Hut ab! Chinesisch is ned einfach! Also i kannts ned!
Sepp: Ach geh, des daadsd scho lerna!
Kare: Naa, i ned!
Sepp: Locker! Schau her, I konn inzwischen Spanisch, Griechisch und Türkisch!
Kare: Ja Wahnsinn! Des hätt i nie glaubt, dass du spanisch, griechisch, türkisch und chinesisch redn konnst!
Sepp: Doch ned redn! Kocha!

Schlechte Sicht

Arzt: Grüß Gott! Wo fehlts denn?
Patient: I seg so schlecht! I glaub, i brauch a Brilln!
Arzt: Des glaub i aa! Sie san beim Gynäkologen, da Augenarzt is im zwoatn Stock!

Notvorrat

Kare: Nacha sollsma halt an Einkaufszettel schreim! Dann brauchtsase ned aafregn!
Sepp: Wos? Wer?
Kare: Mei Frau! Schickts mi zum Supermarkt zum Eikaffa, weil drei Dog Dauerschneefall ogsagt is. Und i frogs extra, wos i kaffa soll. Und sie sagt: „Wosma halt zum Leben dringend braucht, wennma vor lauter Schnee drei Dog ned auße konn!"
Sepp: Und wos host nacha kafft?
Kare: Für mi an Kastn Weißbier und für Sie a Schneeschaufl!

Sammelbestellung

Sepp: Gestern hamma a Heizöllieferung kriagt!
Kare: Wos host denn zahlt fürn Liter?
Sepp: 52 Cent plus Mehrwertsteier!
Kare: Des is ja a supergünstiger Preis!
Sepp: Jamei! Mir hamma mit da ganzn Nachbarschaft bstellt, des warn insgesamt über 30.000 Liter!
Kare: Trotzdem: A Superpreis!
Wirt: Des is doch logisch, Kare! Wenn du aso a Menge aaf oamol bstellst, dann kriagst natürlich an viel an niedrigeren Preis! Des is im Gschäftsleben immer aso!
Kare: Aso! Okay, dann bstellma hiermit 2000 Weißbier und 500 Currywürscht mit Pommes! Trinka und essen daamas dann in de nächsten fünf Johr! Und zahln daamas nach da letztn Lieferung!

Stromquelle

Lehrer: So liebe Kinder! Jetzt haben wir gelernt, wofür man den Strom braucht: Für das Fernsehen, zum Heizen, für den Kühlschrank. Jetzt sagts mir einmal: Wisst ihr, wo der Strom herkommt?
Stefan: Vom Atomkraftwerk!
Lehrer: Sehr schön, Stefan! Woher noch?
Michael: Vom Wasserkraftwerk!
Lehrer: Jawohl! Auch gut, Michael!
Paul: Vom Windradl!
Lehrer: Auch richtig! Schön, was ihr schon alles wisst! Fritz, weißt du auch was, weil du dich meldest?
Fritz: Vom Golfspielen!
Lehrer: Vom Golfspielen? Wie kommst denn da drauf?
Fritz: Am Radio hod oaner gsagt: „Die angenehmen Temperaturen verdanken wir dem Golfstrom!"

Ganzjahresfasching

Kare: Omei, der Weiberfasching! An dem unsinnigen Donnerstag, do draht mei Frau komplett durch! Ziagtse a lächerlichs Gwand o und rennt den ganzen Dog mit an Rudel andere Weiber durch d'Stod!
Sepp: Sei froh, dass de des bloß am unsinnigen Donnerstag macht! De mei macht 's ganze Johr Nordic Walking!

Im Schuhgeschäft

Verkäuferin:	Grüß Gott, die Herrschaften! Kann ich Ihnen weiterhelfen?
Ehefrau:	*Deutet auf ihren Mann.* Wega eam samma do!
Ehemann:	Wos „wega eam"? I hob fei an Nam!
Ehefrau:	Sei ned so empfindlich!
Ehemann:	Weils wahr is! Des hörtse o, wia wenn i a kloans Kind waar! Wega eam!
Ehefrau:	Sei ned so empfindlich! Glaubns, der wenn eikaffa muass, der is dermaßen gereizt! Du muasst doch bloß Schuah probiern!
Ehemann:	Do gehts um mei Menschenwürde! Wega eam! Bin i a Depp oder wos?
Verkäuferin:	Jetzt beruhigen Sie sich bitte! So hat es Ihre Gattin doch sicher nicht gemeint!
Ehemann:	Sie kennen mei Frau ned! Des moant des haargenau aso! So in Richtung Blädl!
Ehefrau:	Jetza gib endlich a Ruah! Mir samma im Schuahgschäft und ned bei da Eheberatung!
Verkäuferin:	Brauchen Sie Schuhe für den Alltag oder mehr etwas Elegantes?
Ehemann:	So dunkelbraun vielleicht!
Ehefrau:	So dunkelbraun vielleicht! Lass liawa mi redn, bevors'd an so an Schmarrn verzapfst! So dunkelbraun! Also, Fräulein, er brauchert wos für mehr so offizielle Anlässe! Wissens, er is stellvertretender Schützenmeister und muass oft bei Umzüge, Beerdigungen und sonstige gesellige Anlässe mitwirken!
Ehemann:	Und aa bei Versammlungen! Do sitz i sogar ganz vorn! Rechts!
Ehefrau:	Ja, is scho recht! Des is doch in dem Fall wurscht!
Ehemann:	Immer wenn i wos sog, dann is des wurscht! Dann sog i gar nix mehr!

Ehefrau:	Do sengses Fräulein, wia gereizt der is! Wia a schwangers Wei!
Verkäuferin:	Also für offizielle Anlässe würde ich schwarze Schuhe empfehlen! Schwarz ist zeitlos festlich!
Ehefrau:	Des sog i aa: Schwarz is einfach schwarz!
Ehemann:	Owa schworze howe doch scho!
Verkäuferin:	Achso!
Ehefrau:	Owa wos für welche! De san im Prinzip hi! Wissens, mei Mo, bei dem hod a Schuah aaf Dauer koa Chance. Des dauert höchstens a halberts Jahr, dann san de Schuah vorn dodal nach oben bogn! Direkt schad, dass er heit Sandalen anhat, do segtma die Biegung ned aso! Des kimmt vo seine Fiaß, de san abnormal! Da Orthopäde sagt, er hod Dinger …, äh …, Konrad, wos host du wieder für Fiaß? *Sieht sich um.* Kooonrad! Wo isen der jetza hi?
Ehemann:	*Erhebt sich auf der anderen Seite des Schuhregals mit einem Gummistiefel in der Hand.* Schau her Rosa, do gaabs Gummistiefel! Original Taiwan! De san im Angebot! Des san bestimmt guade, weil do rengts oft, z'Taiwan!
Ehefrau:	Jetza lass de Gummistiefel in Ruah! Du brauchst doch koi Gummistiefel!
Ehemann:	Und schworz waarns aa no! Für festliche Anlässe ideal! Wenn grod a Hochwasser is! *Zur Verkäuferin:* Sie hamm grad selber gsagt, dass schworz immer passt!
Verkäuferin:	Ja schon, aber eigentlich meinte ich schon mehr Halbschuhe!
Ehemann:	*Lacht.* Naa, Fräulein, des war a Gag! Des is mir scho klar, dasma koi Gummistiefel oziagt bei an Ball oder so! Späßle gmacht!
Ehefrau:	Du allaweil mit deine blädn Witz, de wos koa normaler Mensch kapiert! Kimm her do und leg den Gummistiefel wieder hi!

Ehemann:	*Kommt lustlos hinter dem Regal hervor.* Ja, bin scho do. Wos isen?
Ehefrau:	Wos host du für Fiaß?
Ehemann:	Ha? Wos i für Fiaß hob? Wos soll denn de Frage? An linkn howe und an rechtn!
Ehefrau:	Sehr witzig! Naa, i moan des Krankhafte, des wos da Orthopäde gsagt hod, weil du doch allaweil de Schuah vorn affebiagst.
Ehemann:	Achso! Hakenfüße hob i! Sie, Fräulein, des is fei wos Bsonders! Des hamm ned viel!
Verkäuferin:	Gratuliere!
Ehemann:	Dankschön!
Ehefrau:	Do brauchens eam ned gratuliern! Wos der Schuah braucht! De Hakenfüße, de hamm wos Destruktives, des geht ins Geld!
Ehemann:	Owa dafür hob i ned zur Bundeswehr braucht! De nehman koan mit Hakenfiaß! I hätt denen de ganzn Schuah bogn, des war eahna zu riskant! Sie, an Freind vo mir, dem Dietmar, dem ziagts allaweil d'Hosn aso affe bis ins Kreiz. Nacha hob i gsagt zu eam: „Dietmar, du host a Hakenkreiz!" Verstengas? Hakenfiaß – Hakenkreiz! Des war a Gag, a Wortspiel! Owa da Dietmar hod nicht glacht, der is do relativ empfindlich, wenn's um sei Kreiz geht. *Ehefrau schüttelt peinlich berührt den Kopf.*
Verkäuferin:	Ach ja!
Ehemann:	Genau! San Sie verheirat?
Verkäuferin:	Nein, ich bin erst 21!
Ehemann:	Suachens Eahna oan mit Hakenfiaß! Der braucht ned eirucka! Bloß als Tipp! I moan, i will Eahna do nix dreiredn.
Ehefrau:	*Kopfschüttelnd:* Also sog amol! Di geht doch dem Fräulein sei Liebesleben nix o! De soll doch heiraten, wenn's will!
Verkäuferin:	Einen Freund habe ich schon!

Ehemann:	Und? Hoda Hakenfiaß?
Verkäuferin:	Also bemerkt habe ich noch nichts!
Ehemann:	Schauns amol seine Halbschuah o! Wenns so bogn san im vorderen Drittel, dann …
Ehefrau:	*Unterbricht ihn:* Jetza hörst owa aaf! Mir samma zum Schuahkaffa do und ned zur Partnervermittlung für Hakenfüßige!
Ehemann:	I sog ja bloß! Also, wo san jetza de Schuah, de wos i probiern konn? I will langsam wieder hoam!
Ehefrau:	Des is typisch! Kaam samma do, willst du hoam!
Verkäuferin:	Was haben Sie denn für eine Größe?
Ehemann:	An Meter 78!
Verkäuferin:	Nein, ich meinte die Schuhgröße!
Ehemann:	Is scho klar, war a Gag! Owa des is des naxte Problem! Des is bei mir dodal unterschiedlich! Es is mir scho passiert, dass a 43er z'groß war und a 44er z'kloa. Ohne Schmarrn! Grod wias ausfalln!
Verkäuferin:	Ehrlich?
Ehefrau:	Des stimmt! Des is sei nächste Abnormität! Der hod scheinbar ned bloß Hakenfiaß, sondern Fiaß, de in bestimmten Situationen wachsen oder schrumpfen, je nachdem!
Ehemann:	Ned bloß d'Fiaß! Mir gehts mit de Hosn ned anders! I hob amol a Hosn probiert, a 54er. Normal hob i a 52er, owa i hob scho aso a Vorahnung ghabt und hobma denkt: „Konrad, probierst liawa a 54er!" Grad aso, wia wennes gschmeckt hätt! I probier de 54er –peng- hauts den Knopf überm Hosentürl weg, dass er fast den Spiagl in da Umkleidekabine zammghaut hätt! Mit so einer Wucht is der weg! Direkt unheimlich! Geschossartig!
Ehefrau:	I sogs Eahna: Peinlich! Des hod einen Schepperer do! I hob mir draußen denkt, den hods in da Kabine drin zrissn! Und anstatt dass er des Malheur

	elegant übergeht, schreit er drin wie ein Wilder: „Zefix, jetza hods den Knopf wegplescht!"
Ehemann:	Bis i den Knopf überhaupt zuabracht hob, i hob minutenlang d'Luft oghaltn! Und dann – peng – weg wara!
Verkäuferin:	Wahnsinn! Und dann?
Ehemann:	Mei, i bin auße, hob da Verkäuferin de Hosn gebn und hob gsagt: „De is z'eng und den Knopf, den find i nimmer!"
Ehefrau:	Und jetza kimmt die Krönung! In da Unterhosn isa aus da Kabina außa! I hobma denkt, i muass im Boden versinka – weißer Feinripp!
Ehemann:	Des mach i normal ned! Owa i war durch de Explosion vo dem Knopf dermaßen gschockt, dass i in da Kabine mei eigene Hosn glatt vergessn hob!
Ehefrau:	I derf gar ned drodenka! Seitdem frog i jedsmol, bevor er aus da Kabine kimmt, ob er a Hosn anhod!
Verkäuferin:	Ach ja! Aber Sie wollten ja heute Schuhe kaufen und keine Hose!
Ehemann:	Ja eben! Entschuldigens, dassma jetza so abgschweift san in Richtung Hosn, owa des hodse bei mir eiprägt! Also, heit brauch i Schuah! I daad amol sogn, i probier vorsichtshalber glei 44er und dann schauma amol!
Verkäuferin:	Da hätte ich hier ein schönes Paar zu einem vernünftigen Preis. Wenn Sie mal in den rechten reinschlüpfen wollen!
Ehemann:	*Probiert den rechten Schuh an.* Um Gottes Willn! Keine Chance! Do kimm i ned eine! Der is um drei Nummern z'kloa – mindestens!
Ehefrau:	Des gibts doch ned! Des is a 44er! Wos host denn du bloß für verhaute Haxn? *Zur Verkäuferin:* Do sengses selber, wos i für ein Gwachs als Mo hob! Abnorm bis dort hinaus!

Verkäuferin:	Sie müssen zuerst das Papier vorne herausnehmen! Der Schuh ist wegen der Beibehaltung der Form vorne mit Papier ausgestopft!
Ehemann:	Aso! Ja dann! Wennmas woaß!
Ehefrau:	Also Konrad, sog amol! Host du des ned gspannt, dass do a Papier drin is? Sowos fühltma doch sofort! Owa is sogs ja scho allaweil: Du host kein Gefühl!
Ehemann:	Du hostas ja aa ned gspannt!
Ehefrau:	Hob i den Schuah ausprobiert oder du? Jetza dua endlich des Papier außa und probier den Schuah o!
Ehemann:	*Siehst sich suchend um.* Habts ihr an Papierkorb?
Verkäuferin:	Geben Sie das Papier ruhig mir!
Ehemann:	*Gibt der Verkäuferin das zusammengeknüllte Papier aus dem Schuh.* Jetza wundert mi nix mehr! Bei dem Haffa Papier waar i in an 50er aa ned einekemma! *Schlüpft locker in den Schuh.* Passt! Wia ogossn! Den nehma! Rosa, den nehma! Fräulein – zahln bittschön!
Ehefrau:	Des schaut dir gleich! Den ersten probiern und dann hoam! Nix do! Jetza gehst zerst amol a poor Schritte aaf und ab, ob er di beim Geh druckt!
Ehemann:	*Geht relativ einseitig hinkend, da er am linken Fuß eine Sandale trägt, auf und ab und grüsst dabei ein vorbeikommendes Ehepaar, das er scheinbar kennt.* Druckt überhaupt ned, null! I hobs ja glei gsagt, dass der passt!
Verkäuferin:	Möchten Sie ihn vorsichtshalber in einer anderen Größe probieren? Eventuell 43?
Ehemann:	Dann liawa 45!
Ehefrau:	Aha! Isa doch z'kloa, ha?
Ehemann:	Naa, der passt! I moan ja bloß! Owa wenn er ned passn daad, dann waar er eher z'kloa als z'groß!
Ehefrau:	Ha? Wos soll jetza des? Passt er oder passt er ned?
Ehemann:	Er passt!

Verkäuferin:	Probieren Sie doch den linken vorsichtshalber auch!
Ehemann:	Wieso des? Is des ned de gleich Größe?
Verkäuferin:	Doch, schon! Aber wenn man beide gleichzeitig probiert, hat man ein besseres Gefühl dafür, ob sie wirklich gut passen!
Ehefrau:	Do hods recht! Probier den linken aa, dann wissmas gwieß! Und dua vorher des Papier außa, sunst kimmst wieder ned eine!
Ehemann:	Also guat, dann probier i halt den linken aa! Do! *Gibt der Verkäuferin das Papier und schlüpft etwas mühsam in den linken Schuh.* Ja gibts des aa? Der druckt a weng! Der is kleana als der rechte! Eindeutig!
Ehefrau:	*Zur Verkäuferin:* Do sengses: Abnorm! Der Mann is ned normal!
Verkäuferin:	Nein, das kommt daher, weil der rechte Schuh öfter probiert wird, eigentlich fast immer. Die sind deshalb schon etwas geweitet!
Ehemann:	Eben! Jetza hör amol aaf mit deim „abnorm"! *Zur Verkäuferin:* Hamms koan linken Schuah, der wos a weng geweitet is? Dann kanntmas kombiniern!
Verkäuferin:	Leider nicht!
Ehemann:	Schad! Sie miassn de Kunden öfter amol an linken probiern lassn! Bloß als Tipp!
Ehefrau:	Jetza hör owa aaf! Jeder normale Mensch probiert an rechten Schuah!
Ehemann:	Gibts ned aa Linksfüßer? Wia bei Linkshänder? I moan bloß – kannt ja sei!
Verkäuferin:	Also ich habe davon noch nicht gehört! Höchstens bei Fußballern! Da habe ich schon mal von Linksfüßern gehört!
Ehefrau:	Des is jetza wurscht, weil der braucht Halbschuah und koane Fußballschuah!
Ehemann:	Ja, und wos soll i jetza macha?
Ehefrau:	Passt dir der rechte wirklich?

Ehemann:	Ja, wia ogossn! Des howe doch scho gsagt! Und gfalln duat er mir aa! Der macht an schlanken Fuaß!
Ehefrau:	Eam schau o! So gseng braucherst du so an Schuah fürn Bauch!
Ehemann:	Jetza sog bloß ned wieder, dass i abnorm bin!
Ehefrau:	Naa, i sogs scho ned! Also guat, dann nehma de, dass a Ruah is! Owa wehe, du jammerst dahoam, wenns ned passn!
Ehemann:	I jammer nie!
Ehefrau:	Ha ha ha!
Verkäuferin:	Ich hole Ihnen aus dem Lager ein neues Paar! Kleinen Moment bitte!
Ehemann:	Wos? A neis Paar? Do is ja dann überhaupt koaner geweitet?
Verkäuferin:	Nein, natürlich nicht, die sind ja völlig ungetragen!
Ehefrau:	Des is doch wurscht! Du weitest de doch dann selber! Durchs Geh!
Ehemann:	I geh owa selten! Meistens fohr i mitm Auto!
Ehefrau:	Jetza bi staad! De nehma und aus! Dann fohrst halt amol ned mitm Auto!
Ehemann:	I konn ja dann beim Fernsehschaun im Wohnzimmer hi und her geh, bis de Schuah gscheit sitzn!
Verkäuferin:	Alles klar! Ich bring Ihnen ein neues Paar an die Kasse! Vielen Dank für Ihren Einkauf!
Ehemann:	Sie – Fräulein, amol a private Frage: Hätten Sie no a Praktikumsstelle für a 16-jähriges Deandl, des wos in d'Fachoberschul geht?
Verkäuferin:	Ich weiß nicht, da müsste ich die Chefin fragen!
Ehefrau:	*Verwundert:* Kennst du a Deandl, de wos do Interesse hod?
Ehemann:	No freilich, unser Sabine!
Ehefrau:	Unser Sabine??? Des waar mir owa ganz nei!

Ehemann:	No freilich! Sie sagt doch allaweil, sie möcht amol ins Showgeschäft eineschnuppern! Hahaha!
Verkäuferin:	Wie bitte?
Ehemann:	Des war a Witz! „Schougeschäft", des is aaf oberpfälzerisch a Schuahgschäft, owa aaf amerikanisch is des Hollywood und de ganzn Zwiadn! Verstengas? Des is a guada Gag! Den miassns Eahna mirka, der kimmt wahnsinnig guat o bei de Leit, grod im Schuhgeschäft! Bei uns am Stammtisch, do is des a Brüller! I hob den scho mehrmals erzählt, weil er immer wieder eischlagt wia a Bombn! Do songs dann allaweil: „Konrad, du bist und bleibst a Depp!" Guat, gell?
Verkäuferin:	Toll!
Ehefrau:	*Zur Verkäuferin:* Amol ganz ehrlich, Fräulein: Wia oft hamm Sie den Gag scho ghört? Zwanzgmol scho, oder?
Verkäuferin:	Mindestens fünfzig Mal!
Ehemann:	A geh? So oft?
Ehefrau:	Do segtmas wieder, wia viel Deppen dass aaf da Welt umanandalaffan!
Ehemann:	Owa ehrlich!

Ehepaar geht gemeinsam zur Kasse.

Am Geldautomat

Er: Wia viel Geld soll i denn außalassn?
Sie: Dreihundert Euro! De miassertn langa zum Eikaffa!
Er: Okay, dreihundert Euro! Also, Karte einführen, Kartn is drin, persönliche Geheimzahl eingeben ... schau weg!
Sie: Wieso soll i wegschaun? I derf doch die Geheimzahl wissen!
Er: In dem Begleitschreiben vo da Bank hods ghoaßn: „Schreiben Sie die Geheimzahl nirgends auf und sagen Sie sie niemandem!" Des is schriftlich dringstandn!
Sie: Ja scho, owa i bin doch dei Frau!
Er: Ja eben! Stell dir vor, es kemman Einbrecher, wenn i ned dahoam bin! De klaun mei Geldautomatenkartn, entführn di und wolln dann von dir de Geheimzahl wissen! Du waarst im Stand und daadst denen de Zahl sogn! Und scho san 2.000 Euro weg!
Sie: Also wenns mi foltern daadn, dann daades wahrscheinlich scho sogn!
Er: Eben! Des is ja des! Drum sog i dir de Geheimzahl glei ned, dann kimmst trotz Folter ned in Versuchung! De wenn dir d'Fingernägl oanzeln ausreißn: Du sagst nix! Weil du konnst ja nix sogn – und des verdankst du mir!
Sie: Spinnst du? Wenn des ganz brutale Räuber san, dann bringen de mi um!
Er: Des miassma in dem Fall riskiern! Sicher is sicher! Und 2.000 Euro san koan Pappenstiel!
Sie: Kimmt überhaupt ned in Frage! Du sagst mir jetza die Geheimzahl! „Sicher is sicher" – i glaub, i hör ned recht!
Er: Also guat, i sogdas! Owa du muasst mir verspracha, dass du de dodal geheim haltst!
Sie: Is doch klar!
Er: Auch bei Folter!
Sie: Also Folter is scho extrem!
Er: Versprichs!
Sie: Okay, versprocha!

Er:	Und aa ned deine Nordic-Walking-Weiber!
Sie:	Spinnst du? Wieso soll i denen des sogn?
Er:	Ihr ratscht doch stundenlang über alles Mögliche!
Sie:	Owa doch ned über unsere Geheimzahlen!
Er:	Hoffentlich! *Sieht sich ängstlich um und flüstert dann:* Also: Mei Geheimzahl is 5489!
Sie:	Wos? I versteh di ned!
Er:	*Flüstert lauter:* 5489!
Sie:	Konnst du dir de einfach aso mirka? De is ziemlich kompliziert!
Er:	Kein Problem! I hob do a Eselsbrücke!
Sie:	A Eselsbrücke? Wia konnmase denn 5489 mit ana Eselsbrücke mirka?
Er:	Ganz easy: Wia mir gheirat hamm, host du 54 Kilo ghabt. Und jetza host 89! Genial, gell? Indem dass du nimmer so leicht bist, konn i mir de Geheimzahl leichter mirka!
Sie:	Des is ned genial, des is unverschämt! Mei Gwicht als Eselsbrücke hernehma!
Er:	Des muassma macha! Nur so bleibt des im Gedächtnis! I konn dir bloß oan guadn Rat gebn: Machs mit deiner Geheimzahl aa aso, dann brauchstas ned aafschreim!
Sie:	Bei mir daad des gar ned geh! Weil wenn i dei Gwicht hernehma daad, dann miassert de Zahl sechsstellig sei! Bei da Hochzeit 100 Kilo und jetza 130!
Er:	Des stimmt allerdings! Dann muasst dir halt wos anders ausdenka!
Sie:	Jetza kümmer di ned um mei Geheimzahl, sondern um de deine! Gibs ei, dassma zum Eikaffa geh kinna!
Er:	Okay! Also: Fünf, vier, acht, neun – sodala – bestätigen, jawohl, und jetza? „Bitte warten" – aha! Guat, dann wartma!
Sie:	Des dauert owa lang!
Er:	Jetza dua ned aso hudeln! Aso a Geldautomat is aa bloß a Mensch! Halt, jetza kimmt wos! Wos??? „Sie haben eine falsche Geheimzahl eingegeben!" Scheiß Automaten,

Glump verreckts! Falsche Geheimzahl eingegeben! I glaub, der hods nimmer alle! *Haut mit dem Fuß gegen den Automaten.*

Sie: Du und dei Eselsbrücke!
Er: De Eselsbrücke stimmt! Du host bei unserer Hochzeit 54 Kilo ghabt! Des steht sogar im Hochzeitsalbum drin!
Sie: Ja scho!
Er: Also!
Sie: Ja, owa des hoaßt doch ned automatisch, dass des dei Geheimzahl is! Wenn i 56 Kilo ghabt hätt und jetza hätt i 53, dann waar doch die Geheimzahl aa ned 5653, oder?
Er: Aso a Schmarrn! Du host doch jetza ned 53 Kilo! Des glaubt dir kein Mensch!
Sie: Des is doch wurscht! I hob ja des bloß als Beispiel gsagt! I wollt damit sogn, dass de Bank die Geheimzahl doch ned nach meim Gwicht festsetzt!
Er: Des is scho klar! Wia solln de aa wissen, wia schwaar du bist! Es war ja umkehrt: Zerst hob i mei Geheimzahl kriagt und dann hob i mir erst de Eselsbrücke ausdenkt mit deim Gwicht! I konn doch koa Eselsbrücke hom, bevor dass i a Geheimzahl hob, des waar doch dodal sinnlos! 5-4-8-9, des woaß i tausendprozentig!
Sie: Vielleicht host di vertippt! A Wunder waars ned mit deine dicken Finger!
Er: Dass i mi vertippt hob? Hm …, des waar a Möglichkeit! In der Hast vielleicht, weilst mi du allaweil aso otreibst! Mir kemma scho no zum Eikaffa, lass dir halt derzeit!
Sie: I hob doch ned drängt! Jetza waar i wieder schuld! I dräng di ned! Jetza gib in aller Ruhe dei Zahl ei, i schau dir zua!
Er: Also guat! Gaaanz langsam! Also: Fünf! *Tippt 5 ein.*
Sie: Fünf!
Er: Vier! *Tippt 4 ein.*
Sie: Vier!
Er: *Gereizt:* Du brauchst de Zahl ned allaweil wiederholn! Des macht mi ganz nervös! Schau einfach bloß hi zur Kontrolle! Owa sog nix!

Sie:	Mei, bist du empfindlich!
Er:	Weil mi des aafregt, wenn mi dauernd jemand nachäfft!
Sie:	Des war ned nachäffen, des war nur zur Sicherheit! Weil oamol host di ja scho vertippt!
Er:	Do brauchst jetza aa ned draaf umanandareitn! Des konn doch amol passiern!
Sie:	Also guat, dann sog i nix mehr!
Er:	Jetza bist wieder beleidigt! Des is typisch!
Sie:	I bin ned beleidigt! I sog bloß nix mehr! Wenn mein Herrn Gatten des nervös macht, wenn i wos sog, dann sog i nix mehr!
Er:	Allaweil wennst „mein Herrn Gatten" zu mir sagst, dann bist beleidigt! Du bist momentan eindeutig beleidigt!
Sie:	I bin ned beleidigt!
Er:	Schwörs!
Sie:	I schwörs, i bin ned beleidigt! Und jetza schau, dass du weidamachst, es wartn scho vier Leit hinter uns!
Er:	Jetza san mir dran! Also, wo warma?
Sie:	Bei vier!
Er:	Sog nix! Des war jetza a rhetorische Frage an mi selber!
Sie:	Achso!
Er:	Genau! Also, vier hamma, jetza kimmt ... Moment, do steht wos: „Der Vorgang wurde wegen Zeitablauf abgebrochen! Bitte entnehmen Sie ihre Karte!" Kreizkruzenäsn, is des ein Glump! Mi wunderts ned, dassma a Bankenkrise hamm, wenn de so einen Ramsch im Zahlungsverkehr eisetzn!
Sie:	Jetza beruhig di, schiab de Kartn wieder eine und gib dei Geheimzahl ei!
Er:	Hundskistn, elendige! *Haut erneut mit dem Fuß an den Automat und schiebt unwillig die Karte ein.* So, owa jetza! Fünf – vier – acht – neun! Bestätigen! Geld her jetza, du Sauhund!
Sie:	Du brauchst doch mit dem Automatn ned streitn, der hört di doch ned!

Er:	Owa des duat mir nervlich guat. Außerdem: Halt du di do außa, des is a Sach zwischen uns zwoa!
Sie:	Schee staad draahst durch!
Er:	Ruhe!
Sie:	Des dauert fei lang! Jetza san scho acht Leit hinter uns!
Er:	So lang dauerts normal ned! Ned dass der Automat vo Haus aus hi is! Oder dass d'Mafia ebbs manipuliert hod!
Sie:	D'Mafia? Wos für a Mafia?
Er:	De rumänische! Des is am Fernseh kemma! De pappen do irgendwos hi und do is aso a Art Kamera dran und des wars dann!
Sie:	Wos wars dann?
Er:	De Manipulation! De raama dir des Konto ab, radebutz!
Sie:	Ja, und wia soll des geh, wenn de dei Geldautomatenkartn ned hamm? Du konnst ja ned amol mit Kartn wos abhebn! Und de solln des ohne kinna?
Er:	De hamm ja de Kartn dann, weil de schluckt ja dann des hipappte Drum vo da Mafia!
Sie:	Du schau amol, ob do wos hipappt is!
Er:	*Prüft durch Betasten eingehend die Tastatur und den Rahmen des Geldautomaten.* Alles normal! Do pappt nix!
Sie:	*Zu den Wartenden:* Er hod bloß gschaut wega da Mafia!
Mann:	*Aus der Reihe der Wartenden:* Schau, dassd' firte wirst, Depp! Andere Leit brauchen aa a Geld!
Sie:	Unverschämtheit! Halt, jetza kimmt wos! Les!
Er:	„Sie haben erneut die falsche Geheimzahl eingegeben!" Ja, Sacklzement, des gibts doch ned! Jetza hostas selber gseng! I hob 5489 eigebn, wortwörtlich!
Sie:	Scho! Owa is des wirklich dei Geheimzahl?
Er:	Ja, Kreizkruzenäsnbirnbaumhollerstaun, i bin doch ned bläd! 5489 is mei Geheimzahl! I hob doch scho x-mol Geld abghobn mit dera Kartn! Owa kaam bist du dabei, funktionierts nimmer!
Sie:	Jetza waar i schuld! I konn doch nix dafür, wennst du de falsche Geheimzahl eigibst!

Er:	Ein für allemal: Des is de richtige Zahl! I derf maustot umfalln, wenn des ned de richtige Zahl is!
Sie:	Dua di ned versündigen!
Er:	I versündig mi ned, weil de Zahl stimmt!
Sie:	Geh zua, lass mi de Zahl eigebn, i hob dünnere Finger!
Er:	Vo mir aus, des is jetza aa scho wurscht! Der Automat is hi! Wahrscheinlich made in Hongkong oder Taiwan oder wos!
Sie:	Geh aaf d'Seitn, dann gib i ei! So 5 – 4 – 8 – 9, bestätigen, so, jetza wermas glei segn!
Er:	Wenn jetza a Geld kimmt, dann woaß i nimmer! Dann muass i wos mit meine Finger macha, weil de san dann eindeutig z'dick! Halt, jetza kimmt wos! Les amol!
Sie:	„Sie haben dreimal die falsche Geheimzahl eingegeben! Ihre Karte wurde eingezogen!"
Er:	So, des host jetza vo deine dünnen Finger! Jetza host di aa vertippt! Super!
Sie:	I hob mi ned vertippt! Du host doch selber zuagschaut!
Er:	Stimmt! I hobs eigenhändig gseng!
Sie:	Und wenn doch de Nummer verkehrt is?
Er:	*Schreiend zu den Wartenden:* I draah glei durch! De glaubt mir des ned, dass mei Geheimzahl 5489 is! Mei eigene Frau glaubt mir des ned! Fünf vier acht neun, i woaß des tausendprozentig!
Sie:	Jetza beruhig di halt! I glaubdas scho! Schrei ned aso umananda! Aaf jeden Fall is de Kartn jetza furt! Und kriagn duamas heit nimmer, weil Samstag is!
Er:	Des oane sog i dir: I geh morgen in de Bank eine und mach einen Riesentrara! De wern schaun!
Sie:	Morgen is Sonntag!
Er:	Dann übermorgen! Des hod Konsequenzen! So ein Glump, so ein verreckts! Stell dir amol vor, mir hättma ned's Eikaffa vorghabt, sondern wos wichtigs! Und dann keinen Cent in da Taschn wega dera hundsverrecktn Kartn! I schwörs: I geh am Montag zum Raiffeisenchef persönlich und beschwer mi!

Sie:	Warum bei dem?
Er:	Ja wega da Kartn!
Sie:	Du host owa die Kartn vo da Sparkasse in den Automat gsteckt!
Er:	Ehrlich?
Sie:	Ja natürlich! I hobs doch gseng!
Er:	Ja, owa mei Geheimnummer bei da Sparkasse is doch a ganz a andere! Do hob i doch de Eselsbrücke mit da Bibel!
Sie:	Mit da Bibel?
Er:	Ja! De Nummer is 4012. Und i hobmas aso gmirkt: Ali Baba und die 40 Räuber und Jesus und die 12 Apostel! Guat, ha?
Sie:	Owa da Ali Baba steht fei ned in da Bibel!
Er:	Ned? Wo steht nacha der?
Sie:	Bei de Gebrüder Grimm oder so!
Er:	Des is aa wurscht! Aaf jeden Fall hob i mei Raiffeisenkartn im andern Geldbeitl drin! Miassma schnell hoam und miassman holn!
Sie:	Mei, is des peinlich! Kimm, gemma!
Er:	*Im Hinausgehen laut zu den Wartenden:* Des duat mir jetza leid, owa 5489 war falsch! Des is mei Geheimzahl bei da Raiffeisenbank! I hob aus Versehen de Kartn vo da Sparkasse einegsteckt! Und do is mei Geheimzahl 4012! 40 Räuber, 12 Apostel – i mirk mir des allaweil per Eselsbrücke, dann brauche de Zahl ned aafschreim und dann fallts koan Unbefugten in de Hände! Des miassns aa macha! Sicher is sicher! Weil es gibt einfach zu viel Gschwerl aaf da Welt!
Mann:	*Aus den Wartenden:* Sie san ja a ganz a Grissner!
Er:	Gell! Dankschön!

Er und sie gehen – er stolz, sie kopfschüttelnd.

Heutzutage wird ja im Fernsehen vieles gesucht: Partner, Partnerinnen, Tiere, Superstars, Supermodels, Küchenchefs, Restaurantleiter, echte und unechte Väter, die männliche Urlaubsbekanntschaft aus dem Senegal, die weibliche aus Südostrumänien, gelegentlich auch Frauen zum Tauschen oder Auswanderer zum Verarschen. Ich sehe mir derlei Sendungen bisweilen an; nicht, weil sie gut sind, sondern weil man mitreden können muss. Eines ist mir nach intensivem Studium solcher Produktionen aufgefallen: Egal, wer oder was gesucht wird – ein Titel würde für alle diese Sendungen sehr gut passen:

Gehirn gesucht

Moderator: Hey, da sind wir wieder! Hallo zuhause an den Bildschirmen! Hallo euch allen im Studio!
Publikum: *Auf schriftliche Anweisung eines Plakathalters:* Hey, hey, hey! Yoooh! Ahooo! *Grenzenloser Jubel von ca. 80 sozial auffälligen Studiogästen, deren Zahl durch geschickte Kameraführung und Beleuchtung auf ca. 500 gepimpt wird.*
Moderator: Seid ihr gut drauf?
Publikum: *Wie soeben (siehe oben!).*
Moderator: Yo! So mag ich das! Coole Leute in Superstimmung! Herzlich willkommen zu einer neuen Ausgabe unserer megageilen Show „Cool oder Fool"! Hey!
Publikum: Hey, hey! Yeah!
Moderator: *Zu einem männlichen Studiogast, anhand seines Namensschildes als „Forkan" erkennbar:* Hey Forkan!
Forkan: Hey Mann!
Moderator: Forkan, was cool ist, ist klar.
Forkan: Ja klar! Cool is cool!
Moderator: Klar! Aber weißt du auch, was „Fool" bedeutet?
Forkan: Nö. De weissi nedd!
Moderator: Idiot!

Forkan:	*Beängstigend aggressiv:* Ey, braux du nedd sag „Idiot" zu mich, bloß weili nedd weiß de Wort! Hau dich inde Fresse bald!
Moderator:	*Beschwichtigend-ängstlich:* Nein Forkan, da hast du mich falsch verstanden! „Fool" ist ein englisches Wort und heißt „Idiot"!
Forkan:	Achso! Dann is de o.k.! Ich hab schon gedenkt, weißt du!
Moderator:	Ich würde dich doch nie einen Idioten nennen! So einen coolen Typen wie dich! *Ins Publikum:* Oder? Isser nicht cool?
Publikum:	Fro-kan! Fro-kan!
Forkan:	Heißi Forkan, ned Frokan, ihr Arschköpp!
Publikum:	For-kann! For-kann! *Forkan steht auf, dreht sich stolz um und grüsst die Arschköpp per Victory-Zeichen.*
Moderator:	Sie lieben dich!
Forkan:	Cool! Weili da volle Checker bin!
Moderator:	*Wendet sich vom Neu-Star Forkan ab.* So, liebe Zuschauer, jetzt darf ich wie immer unsere Jury vorstellen! Ladies first! Ihr kennt sie alle und ihr liebt sie alle, aus dem Filmbusiness – unsere Desiree Sunshine! Bekannt aus dem Softporno „Siegi und die sieben Schlampen" – sie war Schlampe Nummer 4 – und der für den schrägsten Film des Jahres nominierten Kurzdoku „Ein Kondom in Wuppertal"! Hallo Desiree!
Desiree:	*Mit beängstigend prallem Kunstbusen und Lippen mit dem Umfang einer Currywurst:* Hallo Deupfland! *Kann „Deutschland" wegen der verunglückten Lippenkorrektur nicht fehlerfrei aussprechen.*
Publikum:	De-si-ree! De-si-ree! Ausziehn! Ausziehn!
Moderator:	Sie lieben dich!
Desiree:	Fuper! *(eigentlich „super", aber wegen der Lippen)*
Moderator:	Desiree, gibts was Neues? Wie läufts? Neue Projekte?

Desiree:	Also, ich möchte mal waf *(Lippen!)* machen so moderieren oder so oder ne CD vielleicht oder Schmuck designen, so kreativ sein so oder modeln! Oder waf mit Kinder! Oder Tiere! Oder Eventmanagerin so.
Moderator:	Da hast du ja einiges vor und bist dick im Geschäft!
Publikum:	Ausziehn! Ausziehn!
Moderator:	Jetzt beruhigt euch mal wieder! Desiree, schön dass du da bist! Kommen wir zu unserem zweiten Jurymitglied! Gnadenlos wie immer, ehrlich wie immer – er redet, wie ihm der Schnabel gewachsen ist, attraktiv wie immer, unser Womanizer aus der Musikbranche, der erfolgreichste Produzent von Ethno-Rap im östlichen Niedersachsen in den siebziger Jahren: Jacky Joke! Hi Jack!
Jack:	Hallo Berlin!
Publikum:	Hey, hey! Jacky! Jacky!
Moderator:	Äh Jack, wir sind heute nicht in Berlin, sondern in Hamburg!
Jack:	Hallo Hamburg!
Publikum:	*Das selber nicht genau weiß, wo es sich befindet:* Hey, hey! Jacky! Jacky!
Moderator:	Jaja, so isser, unser Jacky, die ganze Welt ist sein Zuhause! Jacky, was geht ab? Wen oder was produzierst du im Moment!
Jack:	Ouh, ich hab da was ganz Interessantes am Laufen! Eine Schwulenband aus Borneo, die durch rhythmisches abwechselndes Fingernägelbeißen einen irren Sound erzeugt! Also das hat Hitqualitäten! Lasst euch überraschen!
Moderator:	Da sind wir alle gespannt! Viel Spaß heute, Jack! So, und last but not least unsere Allzweckwaffe für Stylingfragen, die männliche Ikone der Modelbranche, der Star aus der Steppe, soeben zum erfolgreichsten männlichen, eventuell sogar weib-

	lichen Model der Namib-Wüste gewählt – aus Afrika: Norbert Gotthelf Ndongo! Hi Nobby, schwarzer Bruder!
Nobby:	Hallo susammen!
Publikum:	Nobby! Nobby!
Nobby:	*Sehr gerührt:* Isch lühbe eusch allö!
Moderator:	Danke Nobby! Wir lieben dich auch! Oder, Leute?
Publikum:	Nobby! Nobby!
Moderator:	Okay! So, bevor wir zu unserem ersten Kandidaten kommen, müssen wir uns erstmal erholen – wir machen eine klitzekleine Werbeunterbrechung! Aber vorher noch unsere Gewinnspielfrage: Wo liegt Paris? A – in Frankreich? B – in Trümmern? Ich denke, das ist lösbar! Wenn ihr es wisst, einfach anrufen oder eine SMS schicken an die unten eingeblendete Nummer. *Es erscheint unten eingeblendet eine gut lesbare Nummer und der winzige Hinweis, dass ein Anruf 4 Euro 99 kostet.* Der Gewinner erhält eine von Desiree original signierte DVD „Siegi und die sieben Schlampen"! Ist das was oder ist das nix?
Publikum:	Ausziehn! Ausziehn!

Es folgt eine ca. zehnminütige Werbeunterbrechung, gefolgt von einem dreiminütigen Hinweis auf das Programm der folgenden Tage und Wochen.

Moderator:	Und schon sind wir wieder da bei „Cool oder Fool"! Seid ihr noch gut drauf?
Publikum:	*Da es in der Werbepause kostenlos aserbeidschanischen Discount-Wodka bekommen hat:* Hey, hey, hey! Yeah! Hoohoohoo! *Forkan, der durch seinen Einsatz im ersten Teil schon einen gewissen Starstatus innehat, wird kurz eingeblendet, bohrt allerdings gerade relativ unerotisch in der Nase.*

Moderator: So, und hier ist sie nun: Ihre, unsere erste Kandidatin, die Cindy aus Obertröblau! Hallo Cindy aus Obertröblau! Komm zu uns!

Das Publikum johlt in erregter Vorfreude, ein leichtbekleidetes Mädchen hüpft auf die Bühne. Es ist vermutlich gutaussehend, was man aber aufgrund der zahlreichen Piercings im Gesicht nicht definitiv sagen kann.

Cindy: Hi! Also ich bin die Cindy, nä! Ich bin sechzehn Jahre und beruflich hab ich Gogo-Girl gelernt. Zur Zeit tu ich eine Zusatzausbildung als Hilfstätowiererin im Intimpiercing-Studio „Eichel sticht" in Berlin machen. Meine Hobbies tun sein Shoppen, Modeln und Party machen! *Kurze Pause.* Äh ja, das wärs gewesen! Ich bin also die Cindy, nä!

Moderator: Das ist also die Cindy,nä! Ist sie nicht süß, die Kleine? Danke Cindy! Applaus für Cindy!

Publikum: Juchuuu! *Forkan zeigt mit einer obszönen Handbewegung, dass er Cindy sexuell anziehend findet.*

Moderator: So, liebe Jury! Was haltet ihr von der Cindy? Cool oder Fool? Nobby, fangen wir mit dir an – was meinst du?

Nobby: Cindy! Du hast Style, du hast Personality, du bist was ganz Besonderes! Das bist du! Aber ich habe noch eine Tipp for dich: Sei du, sei nur du! Du wirst es schaffen! For mich bist du ganz klar cool! *Hebt eine grüne Karte mit der Aufschrift „cool" in die Höhe.*

Publikum: Cool! Cool! Cool! Cin-dy! Cin-dy! Cin-dy!

Moderator: Danke, Nobby, für diese ausführliche und fast schon philosophische Begründung! Desiree, was meinst du?

Desiree: If *(dicke Lippe!)* hätte da nof eine Frage: Hast du fon einen Freund?

Cindy: Ja! Er sitzt sogar heute hier!

Desiree:	Ehrlich? Ach, daf ift ja süß! Wo fitzt er denn? Zeig ihn unf mal!
Cindy:	*Dreht sich um und deutet voller Stolz auf Forkan.* Da! Das isser! Der Forkan ist mein Freund! Meine große Liebe! Wir sind schon vier Tage zusammen! Das ist nix so Flüchtiges, wie es bisher bei mir gewesen sein tut, äh gewesen war!

Forkan, der durch diese spontane, nicht abgesprochene Erwähnung zum Megastar aufgestiegen ist, wird vom Publikum bejubelt, was er mit einem Stinkefinger und einem anschließenden kräftigen Griff in den (gottlob eigenen!) Schritt quittiert.

Cindy:	Isser nicht süß? *Wirft Forkan eine Kusshand zu.*
Desiree:	Und denkt ihr fwei fon an eine gemeinsame Fukunft?
Cindy:	Ja klar! Wir wollen uns nächste Woche gemeinsam dasselbe Tattoo stechen lassen! Hihi!
Desiree:	Alfo von mir kriegst du ein „cool"!
Cindy:	Cool!
Publikum:	Hey cool! Ausziehn! Ausziehn!
Moderator:	Langsam, Leute, alles zu seiner Zeit! Jack, was meinst du?
Jack:	Also, so einfach gehts bei mir nicht! Ich möchte schon checken, ob hinter der hübschen Fassade auch ein Brain steckt, weißt du! Cindy, mal 'ne Frache: Wenn drei Äpfel sechs Cent kosten, wie viel kosten dann fünf Äpfel?
Cindy:	Ey was? Drei Äpfel, dann fünf Äpfel? Also … also ich würde sagen, so'n Kilo so, oder? Oder nicht?
Jack:	Kann man so gelten lassen! Also von mir gibts auch ein „Cool"!
Moderator:	Ja super! Cindy, du hast es geschafft! Du bist in der nächsten Runde! Toll gemacht! Da sieht man – Leistung lohnt sich! Gratuliere!
Cindy:	Danke schön! Hihi! Hi Schatzi! *Wirft Forkan eine Kusshand zu.*

Forkan:	*Im Bewusstsein seines Ruhms:* Issi nicht 'ne geile Schlampe, meine Aldde?
Cindy:	Hihi! Du immer!

Das Publikum registriert diesen zärtlichen und intellektuellen Gedankenaustausch mit frenetischem Johlen.

Moderator:	So Cindy, danke einstweilen, du kannst dich backstage erholen! *Cindy versteht diese Aussage im Freudentaumel nicht und bleibt dümmlich grinsend stehen.* Du kannst gehen Cindy!
Cindy:	Achso! Backstage! Bis später! *In die falsche Kamera:* Tschüssi!! *Geht.*
Moderator:	So, und jetzt kommt unser zweiter Kandidat für heute: Gundolf aus Gera! Auch für ihn heißt die alles entscheidende Frage: „Cool oder Fool?" Hier ist Gundolf!

Ein ca. 20-jähriger, in schwarzes Leder gekleideter, tätowierter, unrasierter und übergewichtiger Kretin betritt die Bühne. Die Urverwandtschaft zwischen Mensch und Affe ist unverkennbar, wobei Gundolf eher Zweiterem zuzurechnen ist.

Gundolf:	Tach auch!

Das Publikum, vom äußeren Erscheinungsbild Gundolfs tief beeindruckt, klatscht anerkennend.

Moderator:	Gundolf, erzähl mal: Wieso glaubst du, du hast dir ein „cool" der Jury verdient?
Gundolf:	Weil ich der coolste überhaupt bin, Mann! *Rülpst.* Hoppla! Dat war der Krautsalat von de drei Döner! Auf jeden Fall, die ganzen anderen Pfeifen kannst in den Ausguss kippen, weil keiner iss so cool wie ich! *Schreit plötzlich und haut sich dabei gorillalike an die eigene Brust:* Wow! Ich bin so cool, dat hältste gar nich aus, Mann!
Publikum:	Yeah! Gun-dolf! Gun-dolf!
Moderator:	Was machst du so? Ich mein beruflich so?

Gundolf:	Also gelernt hab ich Prospektverteiler, aber dat musste ich abbrechen, weil ich gegen Papier allergisch bin und frühes Uffstehn! Hähä! Momentan bin ich Hartz 4 und hab nebenbei'n Brötchenservice!
Moderator:	Ach, du bist selbstständig!
Gundolf:	Ja klar, Mann! Iss aber auf Dauer nicht det Wahre. Ich fahr mit meiner Harley Brötchen aus und krieg pro Brötchen fünf Cent. Am Tag verscheck ich so 80 Brötchen so, det sind vier Euro und'n paar Zerquetschte so. Und Sprit verfahr ich für locker fünf Euro. Det rechnet sich nicht, det kannst drehen wie de willst! Ich war schon bei der Bank wegen Geschäftskredit, so zur Überbrückung so, so 10.000 Euro! Aber die Flitzpiepen geben mir nix! Die hamm gesacht, det geht nur mit Sicherheit! Ich hab gesacht: „Ja eben, det isses ja! Ich brauch det Geld mit Sicherheit!" Aber die: „Nee, Alter, so nich!" Scheiß Bänker!
Moderator:	Da sieht man's wieder: Der kleine Mann bleibt auf der Strecke! Und sonst? Irgendwelche besonderen Fähigkeiten?
Gundolf:	Sowieso! Ich hab insgesamt drei Entziehungskuren hinter mir, eine wegen Alkohol, eine wegen Drogen, eine weiß ich nicht, warum. Hamm aber nix gebracht. Ja gut, und ich bin insgesamt achtmal vorbestraft! Sechsmal Körperverletzung, einmal Fahren ohne Fahrerlaubnis und einmal Beamtenbeleidigung. Ey, det war sowieso der Hammer war det! Ich hab zu'nem Bullen gesacht: „Ey Bullinski! Wenn mein Arsch und dein Gesicht 'nen Schönheitswettbewerb machen, dann wird mein Arsch mit Sicherheit nicht Zweiter!"

Das Publikum lacht herzlich über diese feinsinnige Pointe.

Moderator:	Ein netter Scherz!

Gundolf: Du, der hat det nicht kapiert, dass det'n Scherz is! Gleich beleidigt und so! Scheiß Bullen!

Das Publikum bestätigt diese politische Einschätzung Gundolfs mit Stinkefingern und hasserfüllten Gesichtern.

Moderator: Bevor wir unsere Jury um ihr Urteil bitten, eine klitzekleine Werbeunterbrechung. Wir sehen uns gleich wieder, also dranbleiben!

Es folgt ein Hinweis auf das (für den Sender) lukrative Gewinnspiel und ein zehnminütiger Werbeblock.

Moderator: So, da sind wir wieder bei „Cool oder Fool?" Unser zweiter Kandidat ist der stramme Lebensmittelunternehmer Gundolf! Er hat sich ja schon sehr sympathisch vorgestellt, jetzt die Frage an unsere Jury: Wie findet ihr ihn? Cool oder Fool? Desiree, fang du mal an!

Desiree: *Die Lippen sind offensichtlich während der Werbepause weiter angeschwollen.* Alfo, if finde ef ganz toll, daff Gundolf in diefen fwierigen Zeiten ein Unternehmen gegründet hat, weil ef ift nift einfach! Von mir haft du ein glafklaref „cool"! Auferdem bin if Harley-Fan!

Publikum: Har-ley, Har-ley!

Moderator: Also ein „cool" von der Desiree! Nobby, was meinst du? Was sagt ein welterfahrenes Topmodel zu einem Typ wie unseren Gundolf? Deine ehrliche Meinung bitte!

Nobby: *Feierlich-gerührt:* Gundolf! Du bist ein Typ! Du hast deinen Style! Du bist du! Steh dazu! Sei du! Be you! Keep on living! Lebe deinen Traum, verdammt nochmal! Yeah, yeah, yeah!

Das Publikum johlt, weil der Sympathieträger Gundolf bei Nobby so gut wegkommt.

Nobby:	Ich habe noch eine Frage for dich: Gundolf, was sind das für Semmeln, die du lieferst mit deiner Harley? Vollkorn oder Weizenmehl?
Gundolf:	Verschiedene so! Is ja och egal! Scheiß Bäcker!
Nobby:	*Begeistert:* Supaaa! Von mir ein „cool" for Gundolf!
Publikum:	Cool-dolf! Cool-dolf!
Moderator:	Jack! Jetzt brauchen wir noch dein Urteil! Ist Gundolf dein Typ?
Gundolf:	*Erschrocken:* Ey wat?? Is der schwul oder wie?
Jack:	Nee nee, im Gegentum! Das war 'ne rein rhetorische Frage!
Gundolf:	Wat?? Hat der Vollwurm gesacht, ich bin schwul?
Jack:	Nee, lass mal! Gundolf, ich bin ja der Meinung, unsere Kandidaten sollten nicht nur tolle Typen oder erfolgreiche Unternehmer sein wie du, sondern sie sollten auch was auf'm Kasten haben, so bildungsmäßig und so!
Gundolf:	Wie jetzt?
Jack:	Also ihr solltet auch'n bisschen was wissen!
Gundolf:	*Unsicher:* Yo!
Jack:	Eben! Darum hab ich für dich eine politische Frage: War der zweite Weltkrieg vor dem ersten oder nachher?
Gundolf:	*Wie das Publikum grübelnd.* Äh, wat? Moment! Achso! Ja nee, is logisch! Dat kommt drauf an! Meinst du in Deutschland oder allgemein so?
Jack:	Super-Antwort! Schlagfertig, kreativ, spontan, originell! Also von mir kriegste 'n „cool"!

Das Publikum, das die Frage zum Großteil auch nicht beantworten hätte können, klatscht begeistert, weil Gundolf so unerwartet intelligent ist.

Moderator:	Meinen Glückwunsch, Gundolf! Du bist in der nächsten Runde! Toll gemacht, bis später! Dein Applaus!

Gundolf:	Ey cool! *Geht unter dem Applaus des Publikums zunächst in die falsche Richtung ab, wird aber dann von einem Securitybediensteten ordnungsgemäß hinter die Bühne geführt.*
Moderator:	So, liebe Zuschauer, liebe Gäste hier im Studio! Es ist so weit! Ihr wisst, Sie wissen, wir alle wissen: Unser Motto bei „Cool oder Fool" lautet „zwei Typen, ein Freak"! Zwei Typen hatten wir schon – die süße Cindy und den coolen Gundolf, jetzt steht der Freak vor der Tür! Wollermen reinlasse?
Publikum:	Ja! Freak! Freak!
Moderator:	Hier ist er! Begrüßt mit mir den Alexander! Hallo Alex!

Ein mit Jeans und Pullover lässig, aber gut gekleideter junger Mann mit modischer Frisur und moderner Brille kommt freundlich lächelnd auf die Bühne und stellt sich vor.

Alex:	Hi! Ich bin der Alex aus München! Ich bin 20 Jahre alt und habe gerade meine Banklehre mit Notendurchschnitt 1,5 beeendet. Ich möchte über die Fachoberschule weitermachen und dann Betriebswirtschaft studieren, um beruflich aufzusteigen. Später möchte ich mal heiraten und Kinder haben und mir ein Häuschen irgendwo im Alpenvorland bauen.

Völlig ungläubiges und stummes Staunen des unterbelichteten Publikums. Man hat ja mit einem Freak gerechnet – aber so etwas, das ist zu viel! Forkan findet als Erster seine Sprache wieder.

Forkan:	Ey was? Hammse dem in de Gehirn geschiss oder wie? Wie issn der drauf?

Das Publikum, durch diesen philosophischen Einwurf wachgerüttelt, johlt und skandiert das Wort „Freak".

Moderator:	Moment, Moment! Der Alexander is zwar vielleicht beruflich etwas daneben, aber wer weiß?

	Vielleicht hat er sonst was zu bieten! Alex, was hast du für Hobbys? Was machst du so in deiner Freizeit?
Alex:	Hobbys? Ja gut, ich spiele aktiv Volleyball und engagiere mich ehrenamtlich beim Roten Kreuz! Und ich verbringe viel Zeit mit meiner Freundin Sandra! Wir sind schon drei Jahre zusammen!

Das Publikum ist ob der asozialen Lebensumstände von Alex wieder in stille Starre verfallen.

Moderator:	Eine Freundin hast du? Die Sandra? Was macht die so? Gogo-Tänzerin? Dessous-Model? Schmuckdesignerin?
Alex:	Was? Nein, was soll ich denn mit so einer! Sie ist pharmazeutisch-technische Assistentin!

Das Publikum, das den Beruf der Freundin weder kennt noch aussprechen kann, beginnt langsam zu raunen. Man fragt sich, ob Alex einer geschlossenen Anstalt entsprungen ist.

Moderator:	Na, liebes Publikum, was hab ich euch versprochen? Ist er nicht voll der Freak?
Publikum:	Freak! Freak! Freak!
Moderator:	So, liebe Jury, jetzt ist es an euch! Ist Alex cool oder fool? Jack, was meinst du?
Jack:	Also Alex, sei mir nicht böse, aber was soll ich mit dir machen? Kein Tattoo, kein Piercing – du bist ja nicht mal schwul! Kiffst du wenigstens ab und zu?
Alex:	Kiffen? Nee, ich rauch auch nicht, wegen dem Volleyball!
Jack:	I'm sorry, aber für mich bist du ein klarer Fall von „fool"! mir fehlen bei dir die Ecken und Kanten!
Moderator:	Okay Jack, alles klar! Nobby, was ist Alex für dich, Süßer?
Nobby:	Alex, du hast Style, du hast Personality! Du bist du und ich bin ich und wir sind wir! Live is sou

	beautiful! Aber leider: For me bist du fool! *Weint plötzlich.* Ich kann not anders! I'm sorry!
Moderator:	Da kann man nix machen!
Nobby:	*Immer noch flennend:* I'm sou soory!
Jack:	Ich bin auch total sorry!
Moderator:	So, und nun last but not least unsere charmante Desiree! Schatz, was hältst du von unserem Alex?
Desiree:	Also, Alex, ich muss es ganz ehrlich sagen: Du gibst mir keinen Kick! Ich bekomm bei dir keine Gänsehaut, das Kribbeln fehlt, die vibrations, das „wow"! Weißt du, du stehst so da und ich denk mir: „Okay, der steht so da!" Weißt du, was ich mein?
Alex:	Nee!
Desiree:	Ich auch nicht, aber genau so seh ich das! Bist du wenigstens vorbestraft?
Alex:	Nee. Leider auch nicht!
Desiree:	Oder sind deine Eltern gewalttätig?
Alex:	Nee, die sind eigentlich ganz nett! Mein Vater trainiert die Volleyballmannschaft, in der ich spiele!
Desiree:	Oh Gott, dann ist ja der auch ein Freak! Alex, von mir gibts leider auch ein „fool"! Mir fehlt zum „cool" einfach das „wow"!
Moderator:	Alex, du hast es gehört: Dreimal „fool"! Das heißt, für dich ist hier und heute leider Schluss! In die nächste Runde kommen Cindy und Gundolf. Und da sind wir jetzt schon gespannt, wenn es dann heißt: „Ist mein Arsch hot? Or not?" So, vor unserem großen Finale geben wir noch kurz ab an die Werbung!

Es folgt die nächste Werbepause. Die anschließende Fortsetzung der Sendung sparen wir uns, denn das Niveau sinkt weiter, obwohl man es kaum für möglich hält. Eigentlich sollte diese Geschichte lustig sein, ich hoffe, sie ist es auch, irgendwie. Was aber das absolut Traurige daran ist – sie könnte wahr sein!

Man sollte sich um diejenigen Verwandten, von denen man sich früher oder später finanzielle Segnungen erhofft, gelegentlich kümmern. Denn tut man dies nicht, kann es zu unliebsamen Überraschungen kommen, zum Beispiel zum

Weihnachtsgruß von Onkel Heinz

Liebe Familie!

Vielen Dank für eure Weihnachtskarte!
Schade, dass ihr mich an den Feiertagen nicht im Altenheim besuchen könnt! Ich hätte mich so gefreut, euch wieder mal zu sehen! Aber ich verstehe, dass ihr im allgemeinen Weihnachtsstress keine Zeit für mich habt. Naja, immerhin interessiert ihr euch für mich und wisst, dass meine 60.000-Euro-Lebensversicherung am 31. Dezember fällig wird.
Ihr wart ja so nett, mir eure Wünsche mitzuteilen und weil ihr meine einzigen Verwandten seid, will ich euch auch nicht enttäuschen!

Zunächst zu dir, lieber Florian:
Du schreibst, dass du das Abitur mit dem wie du meinst guten Durchschnitt von 3,8 bestanden hast. Und nun willst du nach all dem Stress und der vielen Lernerei das Leben genießen und dir mal in aller Ruhe die ganze Welt anschauen. Aber du schreibst, dass dir als armen Schüler dafür das Geld nicht reicht und bittest mich um Unterstützung bei deinem Herzenswunsch. Diese Unterstützung will ich dir gerne gewähren – du bist doch der Sohn meines Neffen! Im beiliegenden Paket findest du einen Globus, den ich günstig auf dem Flohmarkt bekommen habe. Ob du es glaubst oder nicht, der ist nur für dich! Da kannst du dir die ganze Welt anschauen, wann immer du möchtest. Ich hoffe, du hast viel Freude damit!

So, und jetzt komme ich zu dir, liebe Jennifer-Chantal:
Bist du tatsächlich schon achtzehn geworden? Da sieht man, wie die Zeit vergeht! Als ihr mich das letzte Mal besucht habt, feiertest du gerade deine Erstkommunion und holtest dir hundert Euro bei mir ab. Und jetzt bist du eine junge hübsche Dame, wie mir das Foto, das du beigelegt hast, beweist. Und ein junges Mädchen braucht heutzutage ein Auto, schreibst du zurecht! Am liebsten wäre dir ein kleines rotes, die Marke ist egal. Das freut mich, dass du so genügsam bist und die Wahl der Marke mir überlässt. Ich habe dir eins von der Marke Matchbox gekauft, natürlich ein rotes, denn dein Wunsch ist mir Befehl! Und klein ist es auch, sehr klein sogar, genauso wie du es wolltest. Du findest es in meinem Geschenkpaket, gleich neben dem Globus. Ich hoffe, es gefällt dir! Wenn nicht, es gibt sie auch in Gelb, Grün und Pink. Schreib mir einfach, wenn dir eine dieser Farben besser gefällt, dann schicke ich dir einen Zweitwagen!

So, nachdem ich den Kindern hoffentlich eine Freude machen konnte, möchte ich auch dich, liebe Ingrid, nicht vergessen!
Du schreibst, dass du als PR-Beraterin sehr oft an gesellschaftlichen Treffen der High Society teilnehmen musst und dass du hierfür die entsprechende Kleidung brauchst – Outfit, wie du es nennst. Und da wärst du glücklich – total happy, wie du es nennst, wenn ich dir etwas ganz Heißes für deine Kleiderkollektion schenken würde. Das kann ich mir gut vorstellen, denn wenn man eine so feine Dame ist wie du, dann muss die Kleidung natürlich tipptopp sein! Und darum habe ich etwas ganz Heißes für deine Kleiderkollektion eingepackt! Es is ein Bügeleisen!
Ich verspreche dir – bei richtiger Anwendung wird es wahnsinnig heiß! Viel Freude damit! Du kannst damit dein Outfit für jeden Anlass – Event, wie du es nennst, aufbügeln und schaust dann mit Sicherheit saugut – stylisch, wie du es nennst, aus! Für dich als Frau meines Neffen ist mir nichts zu teuer!

Womit wir bei dir wären, lieber Neffe Hans!
Bei deinem Wunsch habe ich lange überlegen müssen, wie ich ihn am besten erfüllen kann! Du schreibst, du möchtest ein Ferienhäuschen in der Toskana bauen. Aber nicht irgend eine windschiefe Hütte, sondern schon etwas Repräsentatives. Immerhin bist du Leitender Regierungsdirektor! Und da muss das Ferienhäuschen schon etwas gleichschauen, wenn du deine Kollegen, vielleicht auch mal eine Kollegin, in die Toskana einlädst. Weil das aber heutzutage gar nicht so einfach ist, bittest du mich um Unterstützung für den Bau. Wie gesagt, ich habe lange gegrübelt, was ich mit meinen bescheidenen Mitteln dazu beitragen kann, dass du nicht irgend eine windschiefe Hütte bauen musst. Und heute Nacht konnte ich nicht schlafen und plötzlich ist es mir eingefallen: Du brauchst eine Wasserwaage! Die kannst du dann während des Hausbaues bei jedem Ziegel anlegen und so verhindern, dass das Haus windschief wird!
Du siehst – auch in meinem hohen Alter weiß ich noch, was beim Hausbau wichtig ist! Du findest die Wasserwaage rechts neben dem Bügeleisen.

So, meine Lieben, das wärs! Ich wünsche euch viel Freude mit euren Geschenken! Mich freut es ganz besonders, dass ihr so bescheiden seid, denn dadurch bleiben von meiner Lebensversicherungssumme über 59.700 Euro übrig. Die vermache ich testamentarisch meiner netten Pflegerin Silvia, die sich schon seit Jahren rührend um mich kümmert. Den Notartermin habe ich schon ausgemacht. In diesem Sinne: Frohes Fest euch allen!

Euer Onkel Heinz

PS:
Ihr fragt mich, wie es mir geht. Naja, so besonders ging es mir in den letzten Wochen nicht. Ihr wisst ja: Die Bandscheibe, die Gicht, die Leberwerte und eine leichte Wintermelancholie. Aber ich kann euch beruhigen – jetzt, nachdem ich diesen Brief geschrieben habe, geht es wieder saugut!

Möchtens probiern?

Grundsätzlich habe ich immer Hunger und Durst, was man mir leider auch ansieht! Und weil ich grundsätzlich immer Hunger und Durst habe, erinnere ich mich mit Grausen an eine Wanderung im Bayerischen Wald. Das Wetter war heiß, ich war stundenlang unterwegs und ich hatte, wie schon erwähnt, Hunger und Durst. Voller Vorfreude betrat ich ein Wirtshaus. Die Vorfeude hatte ein jähes Ende, als ich merkte: Ich hatte meinen Geldbeutel vergessen! Kein Mensch, schon gar nicht der Wirt, hat mir kostenlos Speise oder Trank angeboten und hungrig und durstig ging ich nach Hause.
Warum erzähle ich das?
Weil ich zwar grundsätzlich, aber nicht immer Hunger und Durst habe! Und um eine dieser kurzen Phasen geht es im Folgenden. Ich litt einmal an üblem Brechdurchfall, war aber trotzdem gezwungen, im Supermarkt einzukaufen, da meiner Frau dies wegen einer Meniskusoperation völlig unmöglich war. Der Brechdurchfall hat neben den üblichen lästigen Begleiterscheinungen auch zur Folge, dass einem vor Nahrung jeglicher Form graust.
Und was geschah im Supermarkt?
Ich war noch gar nicht richtig drinnen, als mir eine charmante Dame ein Tablett mit vielen verschiedenen Käsestücken entgegenhielt und freundlich sprach: „Möchtens probiern?"
„Naa" antwortete ich wahrheitsgemäß, „i hob momentan koan Appetit ned!"
„Aber es ist kostenlos!" säuselte die Dame, „wir haben heute Aktionstag und wollen neue Käsesorten präsentieren! Nehmens ruhig was! Der hier ist aus mongolischer Stutenmilch mit tschetschenischen Schimmelkulturen!"
„Hörtse super o", sagte ich, „owa i bin verdauungsmäßig a weng gehandicapt!"
„Kein Problem" meinte sie, „unser Käse wird biologisch erzeugt, ohne künstliche Zusätze, auch für den sensiblen Magen geeignet!"
„Des is mir wurscht, weil aaf deitsch gsagt hob i d'Scheißerei!"

Selbst diese vulgäre Bemerkung konnte sie nicht schrecken! „Achso, ja dann, dann können Sie sich ja für später was mitnehmen! Heute Aktionspreise!" lud sie mich ein. Ich nahm ein Pfund rein biologischen Mongolenkäse für nur 17 Euro mit und mir war noch schlechter als vorher.

Ungefähr zwei Minuten später verstellte mir ein Mann den Weg. Er sah aus und roch wie ein alter Seebär. „Haben Sie schon mal Tintenfisch in Aspik gegessen?" wollte er von mir wissen.

„No nie!" war meine Antwort.

„Möchtens probirn?" Er hielt mir bei dieser Frage eine große Platte mit Tintenfischsulz entgegen, die mich spontan zum Brechen reizte. „Naa, dankschön" würgte ich heraus und merkte, wie mein aus Kamillentee und Zwieback bestehendes Frühstück in mir hochstieg.

„Kostenlos!" lockte er und der Zwieback stieg höher. „Des is nett" presste ich hervor, „owa heit isma schlecht!"

„Möchten Sie für daheim was mitnehmen? Wir haben Portionen zu 500 und 1.000 Gramm, tiefgefroren! Die können Sie dann essen, wenn es Ihnen wieder besser geht!"

Ich ergab (gottseidank nicht übergab!) mich und mit einem Kilo Tintenfisch in Aspik suchte ich das Weite.

Ich fand aber nicht das Weite, sondern eine korpulente Frau im Dirndl vor der Metzgereiabteilung. Sie lächelte und sprach unter Androhung eines Tabletts: „Hamm Sie gwusst, dass Speck nicht gleich Speck ist?" „Naa", verneinte ich, „des howe ned gwisst!"

„Unser original Südtiroler Bauernspeck ist über original Buchenholz geräuchert und stammt von original Südtiroler Schweinen! Er hat pro hundert Gramm unter 1.000 Kalorien! Speck light quasi! Möchtens probirn? Kostenlos selbstverständlich!" Sie hielt mir ein Tablett mit diversen Speckwürfeln entgegen – blanker Speck, kein Brot oder sonstige bekömmliche Beigaben!

„Normal gern" flüsterte ich, schon aufgeweichten Zwieback im Rachenraum, „owa momentan is mir de Sach z'gaach! I nimm a Kilo mit für dahoam!"

Mit diesem Angebot konnte ich die Speckfrau, die sich mit Speck schon wegen ihrer Figur sicher gut auskannte, befriedigen und

mit einem Kilo Originalspeck mit Originalzertifikat zu original 13,90 Euro und knapp 10.000 Originalkalorien ließ sie mich ziehen.
Kreidebleich, mit Speck, Tintenfischsulz und Biokäse begab ich mich in Richtung Kasse, denn mir war dermaßen schlecht, dass ich nicht mehr in der Lage war, die mir aufgetragenen Artikel zu kaufen.
Leider lag auf dem Weg zur Kasse die Molkereiabteilung, in der mich ein in griechische Tracht gekleideter Mann mit Sirtaki-Musik erwartete und mit folgenden Worten bedrohte: „Gutte Tag! Haben wir heute Einfirungpreis für Olivenkefir! Isse gesund sehr und reinigt de Gefäße, wo Blut fließt! Mechte probiere? Koste nix!"
Ich konnte mich aufgrund meiner Übelkeit auf keine Diskussionen mehr einlassen. „Daans an Liter her!" sagte ich, „den iße dann dahoam in Ruhe!"
Der Kefir-Promoter freute sich und ich ging kefirbeladen zur Kasse.
Die Dame an der Kasse, an ihrem Namensschild als „Nicole Krumphansl" erkennbar, fragte mich, ob ich schon eine Payback-Karte besäße. „Naa", sagte ich, „und i will aa koane probiern! Owa wenns unbedingt sei muass, dann nimm i a Pfund mit!"
Kopfschüttelnd kassierte sie mich ab und kreidebleich verließ ich mit vollem Mund und leerem Geldbeutel den Ort des Grauens.

So viel zum Thema „Möchtens probiern?"

Nein, halt, noch etwas:
Ich war, da ich Grenzstadtbewohner bin, in meinem Leben etwa zwanzigmal in unserem Nachbarland, der tschechischen Republik, um zu tanken und Zigaretten zu kaufen. Nie wurde mir etwas kostenlos angeboten.
Nur einmal, da hatte ich meine Frau dabei. Da stand vor einem Haus mit der verlockenden roten Leuchtreklame „Club für Gentlemen" ein ausnehmend hübsches junges Mädchen und hielt mich mit folgenden Worten an: „Haben wir heite zähn Jah-

re Jubiläum von Ärotik-Club! Kännen Sie ein Getränk und eine von unsere charmante Mädchen kostenlos genießen. Mächten probierän?"
„Nein!" sagte meine Frau, „er mächte nicht!"
Ich hätte mir gerne was für zu Hause mitgenommen, aber das ging aus verständlichen Gründen auch nicht!

Weitere Bücher und CDs von Toni Lauerer

G'fallt ma!
Preis: 16,90 EUR

Gestern beim Unterwirt
Preis: 14,90 EUR

A scheene Bescherung
Preis: 14,90 EUR

Scho wieder Weihnachten?
Preis: 14,90 EUR

Endlich wieder gschafft
Preis: 14,90 EUR

Mei, bin i a Depp!
Preis: 14,90 EUR

Der Alltag is da Wahnsinn
Preis: 14,90 EUR

Willkommen im Spiegelsaal
Preis: 14,90 EUR

Voll im Trend
Preis: 14,90 EUR

Wos gibt's Neis?
Preis: 14,90 EUR

I glaub, i spinn
Preis: 14,90 EUR

I bin's wieder
Preis: 14,90 EUR

Hauptsach', es schmeckt!
Preis: 14,90 EUR

Eigentlich is wurscht
DVD: 16,90 EUR
CD: 14,90 EUR

Toni Lauerer
Die schönsten Grimms Märchen auf Bairisch
je 19,90 EUR

Hubertus Hinse / Toni Lauerer
Sagen aus der Oberpfalz „Glaubn mechst es ja ned"
je 14,90 EUR

Erhältlich im Buchhandel.
Weitere Informationen zum Autor und seinen neuesten Titeln finden Sie unter: www.battenberg-gietl.de